E. Windemuth

Ostpreußen – mein Schicksal

Eine Tragödie der Vertreibung

SKIZZE
zum Fluchtweg
durch Ostpreußen

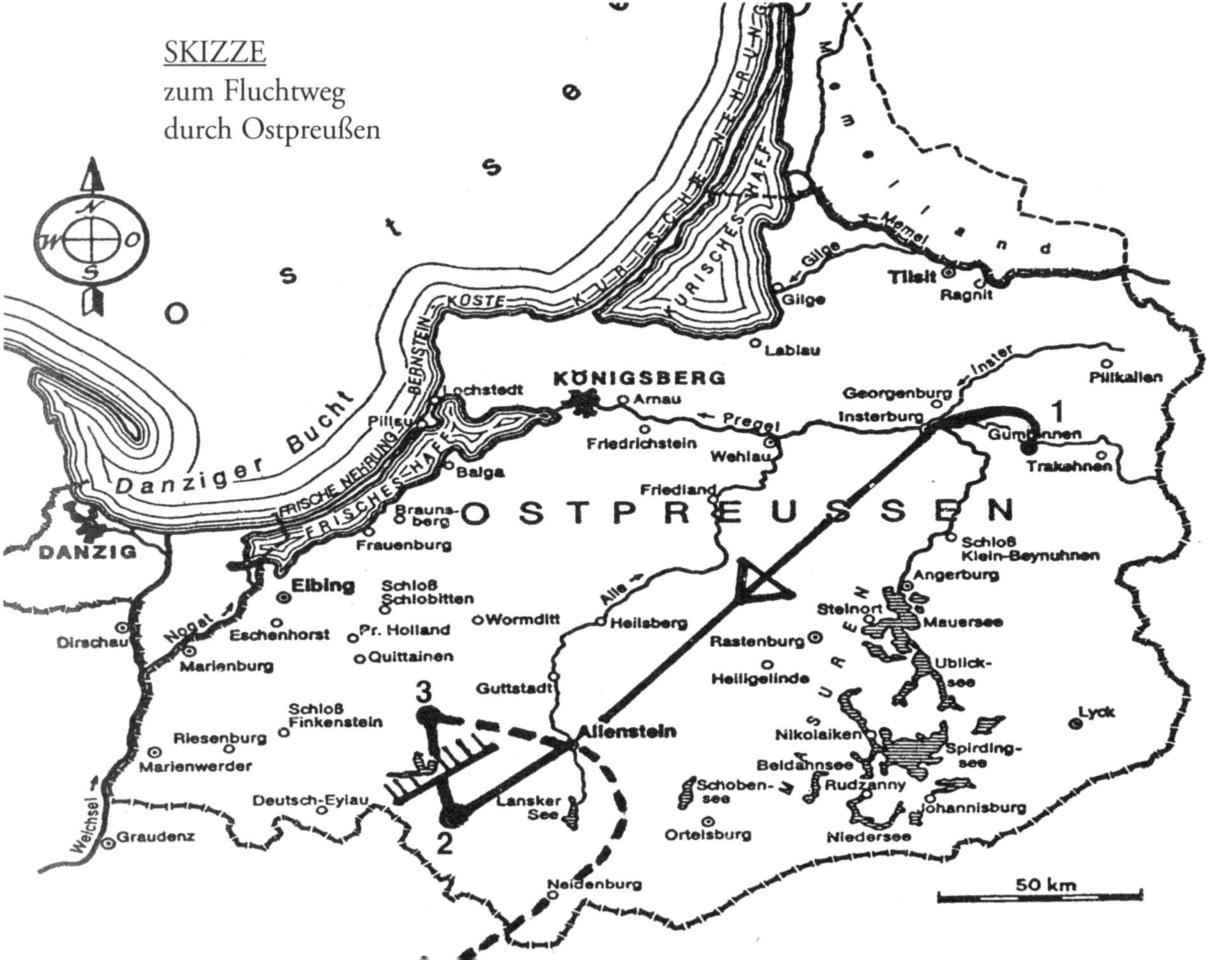

Legende zum Fluchtweg

1 – Fluchtbeginn
2 – Hohenstein
3 – Osterode

zwischen 2 u. 3
von der Front überrollt

ab Hohenstein (2)
Vertreibung über
Allenstein Richtung
Frankfurt/O.

E. Windemuth

Ostpreußen – mein Schicksal

Eine Tragödie der Vertreibung

DRUFFEL & VOWINCKEL-VERLAG
INNING AM AMMERSEE

Stegen am Ammersee

Satz und Layout: Werbe- und Druckbüro Hanisch, München

Schutzumschlag: färv

ISBN 3 8061 1158 8

Inhaltsverzeichnis

Vorwort des Herausgebers

Selbstverständlich wird sich mancher fragen: Warum wird eigentlich erst jetzt, nahezu zwei Generationen nach den geschilderten Ereignissen, darüber geschrieben?

Dazu sind einige erklärende Worte nötig:

Die Wucht und die grausame Scheußlichkeit des Erlebten hat vielen den Mund verschlossen.

Das gilt für die Betroffenen, sofern sie noch mit dem Leben davongekommen sind. Die zahllosen Toten hingegen, die mitunter bestialisch ermordet wurden, konnten nicht mehr reden und kein Zeugnis ablegen.

Politische, realitätsferne Überlegungen kamen hinzu, – man könne ja den „Siegern“ oder gar „Befreiern“ keine verbrecherischen Maßnahmen, denn solche waren es ja, zuschreiben, so dass die Wahrheit Jahrzehnte der Öffentlichkeit gegenüber verschwiegen wurde. Die Medien im Lande taten ein Übriges: Vertreibungsverbrechen wurden tabuisiert, zaghafte Versuche einzelner mutiger Schriftsteller wurden abgeschmettert, die Autoren gar dem Rufmord preisgegeben. Man sparte nicht mit Beschimpfungen dieser „Ewig-Gestrigen“ und „Revanchisten“.

Demgegenüber wurde jedoch die *deutsche Schuld* herausgestrichen und gebrandmarkt, manche Vorfälle und Ereignisse, soweit man glaubte sie den Deutschen anlasten zu können, in grausamen und blutigen Einzelheiten geschildert. Ja, selbst in Kinderbüchern, in Schul- und Jugendliteratur wurde bereits der Jugend ein „Deutscher Schuldkomplex“ eingehämmert. Dabei war so manches der dargestellten Geschehnisse nicht selten unwahr, vielfach auch als völlig legale Kriegsmaßnahme gerechtfertigt.

Helden- und *Erinnerungsdenkmäler* gesteht man nur den damaligen Feindmächten zu. Hierzulande weist hingegen fast jedes Städtchen ein *Schuldmal* auf, das an deutsche Gefangenenlager, an „Zwangsarbeiter“ in Deutschland etc. erinnern soll.

Seitdem mit dem Fall der Mauer die unerhörte und alles überschattende Ost-West-Konfrontation beendet ist, bricht im Deutschen Volk das Verlangen nach einer unverhüllten Information zum zeitgeschichtlichen Ablauf, nach einer tendenzfreien und wahrhaften Schilderung zu den Geschehnissen in jenen Zeiten auf.

Dieser Bericht mag einiges dazu beitragen. Er gründet auf dem Tagebuch einer Ostpreußin, das zu einem Teil bereits während der Vertreibung aufgezeichnet, teilweise aber auch aus den geschilderten Ursachen erst Jahre danach aus der Erinnerung ergänzt wurde. Gewisse Absätze aus den Originalaufzeichnungen, in der handgeschriebenen Form, wurden eingearbeitet. Wegen der nicht immer leichten Lesbarkeit vor allem bei den während des Vertreibungsverlaufs aufgeschriebenen Passagen wurde dieser in der Gesamtheit neu geschrieben und von gewissen Verstößen gegen Stil und Rechtschreibung bereinigt. Gewisse Absätze aus dem handgeschriebenen Originaltext wurden jedoch eingearbeitet. Der Inhalt wurde nicht angetastet oder verändert.

Ergänzt wurden die Ausführungen durch Erlebnisberichte anderer Zeitzeugen an passender Stelle sowie durch dokumentarisch belegte Vertragstexte und durch Zitate von seinerzeit maßgebenden Politikern, sofern diese die Hintergründe der Vertreibung beleuchten.

Die Verfasserin selbst war eine Bäuerin, die einen Hof in einem Ort im Kreis Gumbinnen im nordöstlichen Ostpreußen besaß. Ihr Ehemann war Offizier in der Wehrmacht und stand damals in der kämpfenden Truppe im ostpreußischen Grenzbereich.

Sie erlebte die Vertreibung mitunter im „Treck" gemeinsam mit anderen Flüchtlingen. Stets jedoch war eine erheblich ältere Halbschwester bei ihr, die für sie mehr die Rolle einer „Tante Martha" spielte. Mit ihr und ihrem kleinen Jungen, Gerhard mit Namen, überwand sie dank ihrer Beharrlichkeit und ihrem immer wieder auch in den schlimmsten Situationen aufkeimenden Lebensmut all die Schrecknisse und Leiden der Vertreibung.

Möge das Buch bei der jetzt lebenden Generation einen Einblick in die furchtbaren Geschehnisse in jenen Kriegszeiten verschaffen und das Interesse an einer sachlichen Auseinandersetzung mit der jüngsten Vergangenheit wecken!

Zum Geleit

Die Vertreibung von fast 15 Millionen Menschen aus ihrer angestmmten Heimat in Ostpreußen und Westpreußen, in Pommern und Schlesien, im Sudetenland und in den verstreuten Siedlungsgebieten auf dem Balkan stellt die größte ethnische Säuberung der Neuzeit, vielleicht sogar der ganzen Weltgeschichte dar. Fast ein halbes Jahrhundert wurde sie in der Publizistik und in der Wissenschaft ignoriert. Nach allem, was sie während des Dritten Reiches angestellt oder verbrochen haben sollen, galten die Deutschen weltweit als „Tätervolk". Dass es sich bei den Vertreibungsopfern um Deutsche handelte, passte nicht in das Weltbild der Nachkriegszeit. Also machte man die ethnische Säuberung in Polen, in der Tschechoslowakei, in Ungarn und in Jugoslawien zu einem Tabuthema. Wer daran rüttelte, war ein Aufrechner, ein Faschist oder ein Rechtsextremist.

Erst als in den neunziger Jahren des letzten Jahrhunderts die Serben in chauvinistischer Überschätzung ihrer Stellung in dem Vielvölkerstaat Jugoslawien die Bosnier, Mazedonier, Kroaten und Albaner gewaltsam zu verdrängen suchten, um das Land zu okkupiern, empörten sich die „Kulturvölker des Westens" über diese Vergewaltigung des humanitären Völkerrechts so sehr, dass die NATO zum Eingreifen veranlasst wurde. Mit diesem Vorgehen kamen auch die ethnischen Säuberungen der Vergangenheit in die Welterinnerung zurück: Armenien 1915, Türkei 1921 – 1922, Polen 1919 – 1939, UDSSR 1941 – 1945 und nicht zuletzt die Deutschvertreibungen 1945 – 1947.

Bei den Entdeutschungen Mittel- und Osteuropas traf die Bewohner Ostpreußens ein besonders hartes Schicksal. Ostpreußen war im Krieg die erste Reichsprovinz, die besetzt wurde. Schon im August 1944 begann die „Rote Armee“, aufgehetzt durch die Aufrufe brutaler Propagandisten, allen voran der russische Jude Ilja Ehrenburg, die Bevölkerung, die nicht rechtzeitig geflüchtet war, mit Mord, Folter, Brandschatzung, Plünderung und Vergewaltigung zu drangsalieren. In den folgenden Monaten traten polnische Milizionäre als paramilitärische Banden in Aktion. Sie verübten Greueltaten, für deren Ausmaß und Form es keine Erklärung gibt. Alles, was eine kiminelle Phantasie sich ausdenken kann, wurde deutschen Frauen und Kinder angetan, deren Väter, Söhne und Ehemänner als Soldaten der Wehrmacht der Zerstörungswut der Aliierten am Boden und aus der Luft Einhalt gebieten wollten. Sie scheiterten. Deutschland wurde besetzt. In den Potsdamer Verträgen sanktionierten die Siegermächte im August 1945 die Deportation der Ostdeutschen aus ihrer Heimat. Ostpolen und den nördlichen Teil Ostpreußens reklamierten die Sowjets zum großen Ärgen der Polen für sich.

Angesichts des Widerstandes der Polen und Tschechen gegen das in Berlin von den Vertriebenenbänden geplante „Zentrum gegen die Vertreibungen“ kommen Berichte über die Geschehnisse in den annektierten deutschen Ostgebieten zur rechten Zeit. Es sind die letzten Zeitzeugen, die sich melden. In zehn Jahren wird es wohl niemanden mehr geben, der persönliche Erinnerungen an die schreckliche Kriegs- und Nachkriegszeit zu Papier bringen kann. Die historische Forschung benötigt weitere Zeugnisse, um zu dokumentieren, dass die Deutschen weniger ein „Tätervolk“, sondern in unglaublichem Ausmaß auch ein „Opfervolk“ waren. Früher oder später werden diese Berichte auch von der Politik zur Kenntnis genommen werden müssen.

München, 22. 1. 2004 *Prof. Dr. Franz W. Seidler*

Tagebuch zur Vertreibung aus der Heimat

Lange schon war es mein Wunsch, die Aufzeichnungen, die ich während und kurze Zeit nach der Vertreibung nur bruchstückhaft skizziert habe, zu ergänzen und zusammenzufassen. Da ich jetzt die Zeit dazu habe, will ich damit beginnen.

Sowjetische Panzertruppen überrollen Flüchtlingstreck in Mühlhausen

1. Kapitel: „Müssen wir aus der Heimat fort?“ Vorbereitung zur Flucht und Abschied aus der Heimat

Am 21. 10. 1944 verließ ich mit meinem kleinen Kind und mit meinen Hofleuten Haus und Hof. Wir hatten drei Wagen mit acht Pferden bei uns. Ich fuhr einen vierspännigen Leiterwagen, der mit drei Pferden bespannt war; einen Wagen hatten die drei Familien des Personals unseres Hofes; auf dem dritten war Futter für die Pferde und Hausrat von mir untergebracht. Zwei Kühe waren angehängt und trotteten hinterdrein, damit wir für unsere Kinder Milch hatten. Es wurden Gänse und Enten geschlachtet, die wir unterwegs rupfen und zum Braten fertig machen wollten.

Noch hatten wir nicht an eine regelrechte Flucht gedacht. Am Freitagvormittag war ich nach Gumbinnen gefahren. Ich war zur Kreisleitung gegangen und hatte mich nach der Lage erkundigt; denn ich hatte bereits lange Flüchtlingstrecks über die Straße ziehen sehen.

„Sie wohnen doch nicht in der gefährdeten Zone,“ sagte man mir.

Ich antwortete darauf:

„Sie wissen, ich habe ein kleines Kind und trage Verantwortung für meine Leute, denn mein Mann ist Soldat.“

Ich fuhr daraufhin, keineswegs beruhigt durch die mir gewordene Auskunft, nach Hause und sprach mit den Nachbarn. Alle bereiteten die Flucht vor. Da unsere Leute auf dem Feld bei der Rübenernte waren, ließ ich sie vom Feld holen. Es wurde nun Hafer für die Pferde gedroschen, Kisten wurden angefertigt und die Sachen, die mitgenommen werden sollten, eingepackt.

Ich stand jetzt ganz allein mit der Arbeit, denn kurze Zeit vorher war mein Mann als Kompanieführer eingezogen worden.

Am Abend zuvor war noch ein großer Fliegerangriff auf Gumbinnen gewesen, wo meines Mannes Einheit stationiert war. Wie sorgte ich mich um ihn, – aber er schickte einen Soldaten, weil das Telefon unterbrochen war. Dieser berichtete zu meiner Beruhigung, dass nichts passiert sei.

Abends kam unser Papa heim und schärfte mir ein:

„Fahr nicht ohne Befehl!"

Dennoch sorgte ich vor: Ein Schrank wurde zu einem Drittel mit Wäsche, zu zwei Dritteln mit Kleidern vollgepackt. Ich nahm die Wäschebretter heraus, so dass noch die Betten, zusammengerollt, hineinpassten.

So war jedenfalls für den letzten Tag vorgearbeitet, und wir konnten den ganzen Schrank aufladen.

Einige fuhren schon am gleichen Abend los. Mein Hof war jedoch mit Militärfahrzeugen verstopft, so dass ich nicht herauskonnte. Immer noch wartete ich auf einen Befehl; es kam jedoch keiner. Auch mein Mann konnte nicht von seiner Truppe fort und konnte auch keinen Soldaten schicken.

Nachts bis um zwei Uhr packten wir; dann legte ich mich ein wenig nieder. Noch vor sechs fingen wir an zu laden. Überall musste ich meine Augen haben.

Gegen neun Uhr kam der Schullehrer und sagte:

„Liebe Frau, jetzt ist es Zeit zum Aufbruch!"

Das Vieh, die jungen Pferde sowie die Fohlen kamen in die Weidegärten, wo sie Wasser hatten.

Ich saß mit dem Fahrer und dem Kind auf dem Wagen. Die Sonne schien und zeigte einen schönen Tag an. Ich sah das als gutes Zeichen an. Die Fohlen liefern am Zaun noch ein Stück mit uns, und die

Stuten wieherten, bis wir in einen anderen Weg einbogen.

In der Gegend von Nemmersdorf kamen angeschosssene Schweine gerannt, und mir kam der ängstliche Gedanke in den Sinn:

„Da sind doch wohl noch nicht die Russen!“

Im nächsten Dorf wollten wir Rast machen, und wir hatten auch schon gerade ausgepackt, da kamen Soldaten:

„Sofort weiterfahren!“ hieß es.

In drei oder vier Kilometer Entfernung waren die Russen durchgebrochen.

Wir fuhren daraufhin gleich los in Richtung Insterburg. Die Dorfhunde begleiteten uns. Wir erreichten die Hauptstraße, wo wir nur äußerst langsam vorankamen, denn viele Straßen waren von Militärfahrzeugen verstopft.

Als es dann dunkel wurde, standen wir auf der Straße und wussten nicht, wo wir übernachten

Regierungsgebäude in Gumbinnen – die Kreisstadt meiner Heimat und Ausgangspunkt meiner Flucht.

sollten. Schließlich kamen wir in der Dunkelheit an einen Hof. Dort klopften wir an und fanden das Haus von Militär belegt. Anfangs wollten sie uns nicht eintreten lassen, als sie dann aber mich mit dem Kind stehen sahen, durften wir bleiben. Wir haben dann auch ein wenig gegessen. Die Pferde blieben angespannt und wurden mit Decken zugedeckt.

Am anderen Morgen fuhren wir nach Insterburg. Dort wurde unser Treck umgeleitet, wobei unsere Wagen getrennt wurden. Da wir jedoch alle nach Osterode fahren wollten, mussten wir uns dort ja wieder treffen.

Jeden Tag waren wir jetzt unterwegs, legten oft jedoch nur 20 Kilometer täglich zurück, da die Straßen häufig verstopft waren. Mitunter hielten wir auch längere Zeit und rupften unsere Gänse und Enten. Dann fuhren die anderen weiter, die wir später wieder einholten.

Wir übernachteten eines Nachts auf einem großen Gut. Dort hörten wir, dass die Russen geschlagen und aus Ostpreußen hinausgetrieben worden seien. Man riet uns, abzuwarten. So ließen wir uns häuslich nieder, brieten unser mitgebrachtes Federvieh und buken Kuchen und Kleingebäck, das mein kleiner Gerhard so gern aß.

Einige Zeit blieben wir hier im Quartier. Doch dann ging es weiter; – jede Nacht auf einer anderen Stelle.

Auf einem Gehöft bot man mir ein Zimmer für „Mutter und Kind“ an. In schmutzigen Betten sollten wir schlafen. Wir verzichteten darauf und baten, unsere eigenen, mitgenommenen Betten benutzen zu dürfen. Ich schlief dann mit meiner Schwester in einem Zimmer auf dem Boden. Das Kind schlief im Wagen.

Da wir einige Tage dort blieben, musste ich täglich für uns und auch für die Bauersleute das Essen besorgen und das Vieh füttern.

Einmal übernachteten wir bei einer Lehrersfamilie. Da saßen wird die Nacht über in den Sesseln.

Ein anderes Mal fuhren wir durch einen Ort, in dem wir Bekannte von Max, meinem Mann, antrafen. Sie waren aus der Großstadt wegen der Gefährdung durch den Luftkriegsterror der Allierten dorthin evakuiert worden. War das eine Freude! Zwei Nächte konnten wir bei ihnen bleiben. Und wir waren schon froh, wenn wir nicht jede Nacht an einer anderen Stelle schlafen mussten.

Es ging jetzt auf Allenstein zu. In der Stadt war es schwierig, eine Unterkunft zu finden. Auch die Versorgung der Pferde und der Kühe gestaltete sich schwierig. Das Futter wurde zugeteilt, und wir mussten es uns an der Versorgungsstelle abholen.

Dort wurden auch die Pferde krank, und der Tierarzt musste geholt werden.

Mit dem Fahrrad, das wir auf dem Wagen mitgenommen hatten, fuhr ich abends durch die Stadt und suchte für uns Quartier.

Mein kleiner Gerhard war stets fröhlich und guter Laune. Offenbar machte ihm das Zigeunerleben wenig aus.

Die Kühe mussten wir leider hier stehen lassen; sie hatten sich die Füße wundgelaufen.

Bei der Weiterfahrt spannten wir mittags nicht mehr aus. Es wurde nur eine kurze Rast gemacht, gekocht und gegessen. So kamen wir an einem Sonnabend früh am Nachmittag in Dietrichswalde an. Durch die Parteiverwaltung wurden wir einem Bauern zugeteilt. Wir ahnten nicht, dass dieser Ort für lange Zeit unser Obdach sein sollte. Man nahm uns freundlich auf.

Wir konnten uns unser Essen kochen. Gerhard bekam oft leckeren Pudding.

Etwa zwei Wochen blieben wir dort, dann ging es wieder weiter. Wenn die Straße frei war, ließ ich die Pferde laufen. Auf diese Weise holte ich den Treck wieder ein, den wir in Insterburg verloren hatten.

In Hohenstein verbrachten wir einige Nächte in Baracken. Dann wurden wir verteilt. Ich kam mit dem Kind und mit dem Fahrer unseres Wagens sowie mit unserem Polenmädchen zu einem Bauern. Dieser konnte jedoch nur ein Pferd unterbringen. Die anderen Pferde wurden im Ort bei einem anderen Bauern untergestellt.

Einen meiner Leute musste ich entlassen. Dieser, ein Weißrusse, war mit unserer Schweizersfrau gefahren, weil unser Leiterwagen von einer anderen Familie besetzt worden war.

Dabei hatten die beiden ein Verhältnis angefangen. Sie wohnte bei dem Bauern, wo zwei unserer Pferde standen. Wenn ich abends nach den Pferden sah, fand ich ihn oft in ihrem Zimmer.

Mittlerweile wurde es kalt, denn es ging auf Weihnachten zu. Darum waren wir froh, dass wir nicht jeden Tag auf der Straße sein mussten.

Eines Tages bekam ich Nachricht von meinem Mann. Er lag mit seiner Kompanie in der Nähe von Insterburg und bat mich, ihn zu besuchen. Ich fuhr dann zusammen mit einer anderen Frau, deren Mann ebenfalls dort stationiert war, mit der Bahn nach Insterburg. Dort holte uns die Militärgendarmerie mit einem Wagen ab, der uns zu unseren Männern brachte.

kochten eine Wassersuppe etwas Schmalz
hatten noch von zu Hause bischen Mehl
auch ein Glas mit Datteln, dann hat man
sich aus der Stadt was gebettelt, hörten der
in der Stadt was vom roten Kreuz gibt
war weit von der Bahn ich riskierte u. ging
so half man sich, ein Mann ging der Zug
fuhr mit der Frau davon ob die jemals zu
sammen kamen? So hat man sich recht
u. schlecht durch geschlagen. Als wir wie
der auf einer Stelle länger hielten u.
Hunger hatten ging ich mit dem Kind
auf dem Arm, zu einem Bahnbeamten
der so auf einem Turm stand, der konnte
deutsch ich sagte er möcht sich das Elend
von Frauen u. Kinder ansehn ob die Schuld
am Krieg sind er sagte die Lok ist
abgehängt er muß eine von Frankfurt

Bericht über sowjetische Greueltaten in Nemmersdorf

Meine Volkssturmkompanie erhielt dann den Befehl, in Nemmersdorf aufzuräumen ...

An dem ersten Gehöft, links von der Straße, stand ein Leiterwagen. An diesen waren vier nackte Frauen in gekreuzigter Stellung durch die Hände genagelt. Hinter dem „Weißen Krug“ in Richtung Gumbinnen ist ein freier Platz mit dem Denkmal des Unbekannten Soldaten. Hinter diesem freien Platz steht wiederum ein großes Gasthaus „Roter Krug“. An diesem Gasthaus stand längs der Straße eine Scheune. An den beiden Scheunentüren war je eine Frau, nackt in gekreuzigter Stellung, durch die Hände

Grabkreuz zum Sammelgrab
der in Nemmersdorf ermordeten Kinder.

Vor der Bestattung der Ermordeten in Nemmersdorf

angenagelt. Weiter fanden wir dann in den Wohnungen insgesamt 72 Frauen, Kinder und einen alten Mann, die sämtlich tot waren, fast ausschließlich bestialisch ermordet bis auf nur wenige, die Genickschüsse aufwiesen. Unter den Toten befanden sich auch Kinder im Windelalter, denen mit einem harten Gegenstand der Schädel eingeschlagen war. In einer Stube fanden wir auf einem Sofa in sitzender Stellung eine alte Frau von weit über 80 Jahren vor, die vollkommen erblindet gewesen und bereits tot war. Dieser Toten fehlte der halbe Kopf, der anscheinend mit einer Axt oder einem Spaten von oben nach dem Halse weggespalten war.

Diese Leichen mussten wir auf den Dorffriedhof tragen, wo sie dann liegen blieben, weil eine ausländische Ärztekommission sich zur Besichtigung der Leichen angemeldet hatte. So lagen diese Leichen dann drei Tage, ohne dass diese Kommission erschien. Inzwischen kam eine Krankenschwester aus Insterburg, die in Nemmersdorf beheimatet war und hier ihre Eltern suchte. Unter den Ermordeten fand sie ihre Mutter von 72 Jahren und auch ihren alten schwachen Vater von 74 Jahren, der als einziger Mann zu diesen Toten gehörte. Diese Schwester stellte dann fest, dass alle Toten Nemmersdorfer waren.

Am vierten Tage wurden dann die Leichen in zwei Gräbern beigesetzt. Erst am nächsten Tage erschien die Ärztekommission und die Gräber mussten noch einmal geöffnet werden. Es wurden Scheunentore und Böcke herangeschafft, um die Leichen aufzubahren, damit die Kommission sie untersuchen konnte. Einstimmig wurde dann festgestellt, dass sämtliche Frauen wie auch die Mädchen von 8 bis 12 Jahren vergewaltigt waren, selbst die alte blinde Frau von 84 Jahren. Nach der Besichtigung durch die Kommission wurden die Leichen endgültig beigesetzt.

Kommentar zu den Vorgängen in Nemmersdorf

Im Oktober 1944 war die Rote Armee in Randbezirke des östlichen Ostpreußens eingedrungen, wurde aber wenig später wieder von der Wehrmacht zurückgeworfen. Dabei wurden in den vorübergehend von der Roten Armee besetzten Gemeinden entsetzliche Greueltaten aufgedeckt.

Diese schrecklichen Ereignisse sprachen sich naturgemäß in Windeseile herum und verursachten erstmalig die „Große Flucht“ aus Ostpreußen, obwohl übergeordnete Stellen von Partei und Verwaltung diese noch zu verhindern suchten, um weitgehende Ängste und gar Zweifel am „Endsieg“ zu vermeiden.

Fortsetzung aus dem Tagebuch:

Was war das für eine Freude! Einige Wochen nichts voneinander gewusst, doch stets in Hoffnung auf ein Wiedersehen.

Es zeigte sich, dass gleich, nachdem wir unsere Flucht begonnen hatten, die Russen durchgebrochen waren. Deutsche Einheiten hatten dann die Russen wieder hinausgeworfen. Zu diesen Truppen gehörte auch die Kompanie von Max.

Auch unser Dorf war kurzzeitig von den Russen erobert worden. Schrecklich hatten die Soldaten der „Roten Armee“ bei uns gehaust. Im Wohnzimmer lag der Jagdhund erschossen; der Schäferhund lief mit einem Kopfschuss umher und erkannte meinen Mann nicht mehr. Da ließ er ihn erschießen, weil er ihm leid tat.

Auch nach Nemmersdorf kam mein Mann, wo er viele Bekannte erschossen vorfand. In einem Hause fanden sie zwei alte Damen auf einem Sofa sitzend. Als sie sich nicht rührten, stellten die Soldaten fest, dass beide einen Kopfschuss hatten.

Von vielen anderen Greueltaten hat mir mein Mann damals nichts erzählt: ich habe erst später davon erfahren. Beinahe wäre es uns ebenso ergangen, da wir am Beginn unserer Flucht kurz vor dem Einfall der Russen dort durchgezogen waren.

Zusammen mit meinem Mann fuhr ich von seinem derzeitigen Dienstort noch einmal auf unseren Hof. Nur mühsam konnte ich mich an den Gedanken gewöhnen, mit einem fremden Fuhrwerk nach Hause fahren zu müssen. Auf der Rückfahrt nahmen wir dann noch einiges an Hausrat mit.

Einige Tage später fuhren wir nach Hohenstein zurück. Dort besuchten uns überraschend Verwandte, die ebenfalls auf der Flucht waren und nun in der

Nähe evakuiert waren. Wie froh waren wir, uns nach so langer Zeit wiederzusehen, zumal wir nichts voneinander über unseren Verbleib gewusst hatten.

Mittlerweile zog der Winter ein, und es lag schon tiefer Schnee. Wir liehen uns einen Wagen, der durch Anbringen von Kufen zum Schlitten umgerüstet war und besuchten damit die anderen Flüchtlinge, die aus unserer Heimat kamen und in diese Gegend verschlagen worden waren. Für Gerhard war das Schlittenfahren eine reine Freude.

Ich sollte unsere Pferde abgeben. Sie wurden auch gemustert. Ich wehrte mich jedoch dagegen, denn wir brauchten sie ja notwendig, und wir konnten sie schließlich auch behalten.

Vor Weihnachten wurde unser Mädchen krank und hatte große Schmerzen. Ich schickte nach dem Arzt. Als dieser hörte, dass es sich um ein Polenmädchen handelte, wollte er zuerst nicht zu uns kommen. Da fuhr ich zu ihm und redete ihm ins Gewissen, denn sie war ein treuer Mensch und besser als manches deutsche Mädchen. Daraufhin überwies er sie in das Krankenhaus. Ich ließ sie am folgenden Tag mit dem Auto hinfahren.

Froh war ich, dass ich meine Schwester Martha bei mir hatte, denn sie hat mir manche Mühsal abgenommen.

Einige Tage vor dem Weihnachtsfest fuhr ich mit einer anderen Flüchtlingsfrau zu unseren Soldaten. Wir haben dort Weihnachtskuchen gebacken. Am zweiten Feiertag besuchte ich auch meinen Mann noch einmal, denn er hatte Urlaub bis zum Neujahrsfest. Es war ein trauriges Weihnachtsfest in dieser fremden Umgebung! Wenn wir abends zusammen saßen und über unsere Lage nachdachten, ermunterte er mich oft:

„Erhalte mir unsere Kinder!“ denn ich war schwanger.

Ich hatte schreckliche Angst vor dem Kommenden und ahnte Schlimmes auf uns zukommen.

Als der Urlaub zu Ende war, fuhren wir nochmals zu unserem Hof. Dort hatte sich deutsches Militär niedergelassen, war aber schon wieder abgezogen. Im Haus und im Stall sah es schlimm aus: Die Gänge waren von den Soldaten, – russischen oder auch deutschen – als Abort benutzt worden, so dass sie nur mühsam begehbar waren. Auch die Steintöpfe waren dem gleichen Zweck zugeführt worden. An der Scheune war die Verschalung abgerissen und verbrannt worden. Die Ställe waren durchschossen. Zwischen Haus und Garten war ein tiefer Graben, in den Geschütze hineingefahren und getarnt worden waren. Aus den Bienenstöcken war der Honig herausgeschnitten worden, was ich sehr bedauerte. Jedoch, – die nachfolgenden Russen hätten es später sicher nicht anders gemacht!

Ich glaubte noch nicht daran, dass es das letzte Mal war, dass wir unseren Hof gesehen hatten.

Ich nahm auch diesmal noch einiges mit, sogar das Bettzeug unserer Leute. Max schoss noch einen Hasen. Dann wurde von den Soldaten alles zusammengepackt. Ein Soldat fuhr das ganze Gepäck zur Bahn.

Wir wussten damals nicht, dass es für uns beide ein Abschied für mehrere Jahre sein sollte.

Die große Flucht

Und da zogen sie hin, Mann und Weib, Kind und Greis, – in großen „Trecks“, mit Pferd und Wagen.

Zuerst der Abschied von der Heimat, wo sie gelebt hatten, sie und ihre Vorfahren, über Jahrhunderte. Wo sie geboren und gestorben waren, wo sie glücklich gewesen waren und wohl auch gelitten hatten.

In der kalten Jahreszeit, über verschneite Straßen, durch nächtliche Eiseskälte. Freilich, sie wussten noch nicht, dass der Abschied endgültig war, – ein Abschied ohne Wiederkehr. Manch einer mag es jedoch geahnt haben.

Und nur langsam ging es voran. Hier verstopften Militärkolonnen den Weg, dort brach eine Radachse und brachte den Zug in Unordnung. Verzögerungen wurden durch dichtes Schneetreiben verursacht, durch eisglatte Straßen, so dass manche Fuhre demoliert im Straßengraben liegenblieb, denn eine Instandsetzung war meist unmöglich.

Eine große Zahl dieser armen Menschen fand den Fluchtweg nur noch über das Eis des Haffs. Hier waren die einigermaßen gefahrlosen Routen abgesteckt, jedoch kam es nicht selten vor, dass bei Überholmanövern die oft recht brüchige Eisdeckte unter dem Gewicht des Wagens barst und Wagen, Pferde und Menschen im eiskalten Haffwasser unter den schreckgeweiteten Augen der anderen versanken, – bergen konnte man häufig nur noch die erstarrten Toten.

Das ganze Leid wurde noch wahnwitzig gesteigert durch die Einwirkung des Feindes: Russische Tiefflieger stürzten sich auf die in der verschneiten Ebene oder auch auf dem Eis weithin sichtbaren

Elendskolonnen, beharkten sie mit Bordkanonen und Maschinengewehren, – mitleidslos und gegen alles Kriegsrecht. Dann bäumten sich die Zugpferde, rissen sich los oder brachten die Wagen zum Umsturz, schleiften sie weiter bis sie zusammenbrachen.

Wo solch ein Treck durchgekommen war, hinterließ er eine Spur des Grauens: Zerschmetterte Leiterwagen, Pferdekadaver, verstreutes Fluchtgut, – auch mitunter festgefrorene und nur notdürftig im Schnee verscharrte Leichen.

Und die reine Hölle wurde es für einen solchen Treck, wenn er von der sowjetischen Front eingeholt und überrollt wurde. Die Sowjetsoldaten zeigten kein Erbarmen: Die Panzerkolosse brachen in die Elendszüge hinein, walzten alles Leben unter ihre Raupenketten, feuerten auf die flüchtenden Menschen …

Was zurückblieb, war eine Stätte des Entsetzens.

Die Mühsal der Flucht

Viele von ihnen erreichten dennoch die Ostseeküste im Danziger Raum. Soweit noch möglich, zogen die Trecks über Land durch Pommern nach Westen, verfolgt von den Horden der „Roten Armee“. Für wieder andere stand nur noch der Weg über See zur Verfügung.

Aber auch diese Menschen waren noch lange nicht gerettet. Wie sollten sie nach Westen transportiert werden? Nur unzureichender Schiffsraum stand zur Verfügung. Lazarettschiffe, Fischdampfer, ja selbst Boote wurden, soweit verfügbar, eingesetzt. Und hatte man einen Platz auf einem völlig überfüllten Schiff gefunden, lauerten auf der stürmischen See Unterseeboote und Kampfflugzeuge der Sowejts mit Torpedos und Bordkanonen. Tausende sind in den eisigen Fluten der Ostsee ertrunken.

Kommentar zur Flüchtlingsbewegung

Es waren nicht nur Deutsche, die sich auf die Straßen nach Westen begaben auf der Flucht vor Mord, Folter und Schändung durch die Rote Armee oder vor angeblichen „Racheakten“ der Polen.

Es waren auch Tschechen, Ungarn und Rumänen darunter, Tausende von Fremdarbeitern, die in der Landwirtschaft oder im familiären Haushalt als Hilfskräfte eingesetzt worden waren, französische und britische, ja, vielfach sogar russische Kriegsgefangene, ebenfalls aus Furcht vor Repressalien durch die Rote Armee.

Sie alle, Mutter und Kind, Alt und Jung, Soldat und Häftling, wurden rücksichtslos auf die winterlichen Landstraßen gejagt, wo sie zu Tausenden starben, vor Kälte, vor Hunger und durch Seuchen, im oft vergeblichen Wettlauf mit den Raupenketten der Panzerkampfwagen des Feindes oder durch den Bordwaffenbeschuss russischer oder alliierter Tiefflieger.

Der Tod der „Wilhelm Gustloff"

Anfang Januar 1945 stehen an die hundert sowjetische Angriffsdivisionen an den Grenzen Ostpreußens und die dünne deutsche Front vermag sie nicht mehr aufzuhalten. Nur das Wissen darum, dass man der deutschen Bevölkerung damit eine Atempause zur Flucht gibt, reißt die Soldaten zum Widerstand gegen den weit überlegenen Gegner hoch und lässt sie ihr Letztes, – ihr Leben einsetzen.

So wälzt sich ein riesiger Strom von Flüchtlingen auf die Danziger Bucht zu, denn es hat sich herumgesprochen, dass dort am Kai von Gotenhafen große Schiffe liegen, bereit zum Auslaufen nach Westen. Schließlich ist bald auch eine Flucht über den Landweg nach Pommern unmöglich geworden, da ein Durchbruch der Russen den Kessel um den noch nicht eroberten Teil Ostpreußens geschlossen hat.

Untergang der „Gustloff" (Zeichnung)

In den großen Hafenschuppen in Gotenhafen werden Auffangstellen und Verpflegungspunkte errichtet, denn die vielen Flüchtenden, – es mögen wohl über 100.000 sein – kommen häufig mit nichts als mit dem nackten Leben hier an. Seit Tagen haben sie kein warmes Essen mehr gehabt, auch nichts Warmes zu trinken. Viele Kinder sind dabei, Mütter mit Säuglingen auf dem Arm flehen um Milch und sind dankbar für jedes Stückchen Brot.

Aus dem weiter östlich liegenden Bereich treffen Schiffe ein, voll beladen mit hilflosen Menschen. Sie stehen oder liegen dicht gedrängt an Deck, da sie im Innern ihres Schiffes keinen Platz mehr gefunden haben. Dort draußen waren sie den eiskalten Wassermassen ausgesetzt, die fortwährend bei Temperaturen bis minus 20 Grad über die Schiffe und Boote spülten. Manche von ihnen liegen seltsam klein und zusammengekrümmt auf den vereisten Schiffsplanken, andere sehen wie gläserne Mumien aus; tot, erfroren, – Opfer einer erbarmungslosen Seereise. Die Lebenden verlassen diese Schiffe, gehen an Land, werden gestützt, getragen oder an die Hand genommen wie man es bei kleinen Kindern tut.

Ein unbeschreibliches Elend breitet sich hier am Strand der Ostsee aus.

Die „Wilhelm Gustloff“ ist ein Fahrgastschiff von ca. 25.000 Tonnen Wasserverdrängung, das ursprünglich als Urlauberschiff für ca. 3.000 Fahrgäste eingesetzt wurde. 1940 wurde es dann zu einem stationären Lazarettschiff umgerüstet und nach Gotenhafen gebracht, da man es dort vor dem alliierten Luftterror einigermaßen sicher glaubte. Nun sollte es angesichts der herbeiströmenden Menschenmassen als Flüchtlingsschiff eingesetzt werden und im Verein mit anderen größeren und kleineren Schiffen möglichst viele Menschen vor der „Roten Armee“ in den Westen retten. In großer Eile musste der Umbau vollzogen sein, die Räume umgestaltet werden, Rettungsboote, Notflöße und Schwimmwesten u.a. an Bord gebracht werden. Auch die Maschinenanlage musste überholt werden, da das Schiff nach der langen Liegezeit nicht einsatzbereit war.

Im Innern wurden die Festsäle zu Massenquartieren umgestaltet, Tausende von Matratzenlager wurden vorbereitet und das Personal aufgestockt.

Dennoch fehlte es noch an allem. Eine gründliche Docküberholung wäre erforderlich gewesen, war jedoch aus Zeitgründen nicht möglich. Auch die Sicherung durch Begleitschiffe konnte nur unzureichend sein, so dass der Schutz gegen feindliche U-Boote oder gegen Flugzeuge nicht gewährleistet war. Da bekannt war, dass sowohl die Sowjets als auch die westlichen Alliierten die Kennzeichnung des „Roten Kreuzes“ der Gustloff als Lazarettschiff entgegen jeglichem Völkerrecht missachten, werden einige Flak-Geschütze an Bord angebracht.

Weil die Seekriegsleitung die Rettung möglichst vieler Menschen vor der mörderischen sowjetischen Walze fordert, befinden sich schließlich weit über 10.000 Menschen an Bord der Gustloff.

Am 30.Januar 1945 legt die Gustloff vom Kai ab und nimmt die Fahrt nach Westen mit einer Höchstgeschwindigkeit von 15 kn (etwa 25 km/h) auf. Wegen dichten Schneetreibens und der damit verbundenen hohen Kollisionsgefahr mit anderen Schiffen setzt der Kapitän die Positionslichter. Damit wird für ein feindliches U-Boot, das sich in diesen Gewässern aufhält, das Auffinden und das Torpedieren des großen Schiffes geradezu ein Kinderspiel.

In der Tat ist es ein sowjetisches U-Boot, das in diesen Gewässern kreuzt. Der Kommandant, A. Marinesco, war in der russischen Flotte als Trinker und

Frauenheld bekannt. Er hatte tags zuvor den befehlsgemäßen Anschluß an seinen Verband buchstäblich verschlafen. Der Versenkungserfolg eines derart grossen Schiffes würde seinen angeschlagenen Ruf wieder herstellen.

Marinesco entdeckte die nur spärlich gesicherte und in voller Festtagsbeleuchtung fahrende Gustloff, schlich sich heran und schoß vier Torpedos ab, von denen drei ihr Ziel erreichten. Die Wilhelm Gustloff wurde an drei Stellen unterhalb der Wasserlinie getroffen.

Ein Augenzeuge, der später gerettet wurde, berichtet:

„*Von der Kommandobrücke werden Befehle erteilt, um ein Chaos zu verhindern und um die Beladung der Rettungsboote mit Frauen und Kindern sicherzustellen. Alle im Vorschiff sind durch die zerbrochenen Schotten und durch die hereinbrechenden Wassermassen zum Tode verurteilt, sofern sie nicht schon*

Untergang der „Gustloff": Überflutung der Kabinen
(aus dem Film: „Nacht fiel über Gotenhafen")

durch die Torpedotreffer zerrissen sind. Schäumend und gurgelnd steigt die See in das 200 Meter lange Schiff mit seinen zehn Stockwerken.

Trotz aller Bemühungen der Schiffsleitung beginnt ein erbarmungsloser Kampf ums Überleben. Alle spüren, dass das Schiff sinkt und jeder weiß, dass er nur dann überlebt, wenn er in eines der Rettungsboote oder auf eines der Flöße gelangt. Mütter mit Kleinkindern auf dem Arm, schreiende und um sich schlagende Menschen, hilflose alte Leute. Ich bin mitten in dieses Chaos geraten und werde nach außen gedrängt.

In dem furchtbaren Gedränge bekomme ich kaum noch Luft. Mit Fäusten und Ellenbogen bahnen sich die Stärkeren ihren Weg, schlagen andere nieder. Wer hier stürzt, ist in kürzester Zeit totgetrampelt.

Ein seltsamer Detonationsgeruch erfüllt die Luft. Von unten dröhnt das Brechen der Zwischenwände unter der Gewalt der hereinbrechenden See.

Die Ostsee verschlingt die Gustloff.“

Und ein anderer Überlebender berichtet:

„Meine Schwimmweste trägt mich. Seitdem ich aus dem Floß von Bord gespült bin, treibe ich im eiskalten Ostseewasser. Hunderte treiben um mich herum in der See, schreien, klammern sich an die Bootsränder und versuchen auf die Flöße zu gelangen. Die See wirft die Menschen wie Spielzeug umher. Unzählige sind bereits in den Fluten ertrunken oder hängen leblos in den Schwimmwesten.“

Währenddem neigt sich das Schiff mehr und mehr und sinkt langsam, den Bug voran, hinunter. Hunderte der noch an Deck befindlichen Menschen gleiten dabei das sich immer stärker neigende Deck hinab in die Fluten, - für die meisten von ihnen ein nasses Grab.

Insgesamt ist die Bilanz dieser Schiffskatastrophe, die nicht durch Naturgewalt, sondern durch Menschenhand ausgelöst wurde, erschreckend. Jahrelange Nachforschungen haben ergeben: 9.343 Tote und 1239 Gerettete.

(nach Heinz Schön, „SOS Wilhelm Gustloff“, Motorbuch-Verlag, Stuttgart)

2. Kapitel: Von der „Roten Armee“ überrollt

Als ich nach Hohenstein zurückfuhr, wurde im Zug noch viel über die Flucht gesprochen. Eine „Rotkreuzschwester“ meinte:

„Der Führer hat noch eine Wunderwaffe; die wird er anwenden, wenn die Russen angreifen. Wir werden den Krieg nicht verlieren!“

Aber es sah doch recht trübe aus. Unsere Bauern in Hohenstein bekamen ebenfalls den Befehl zur Flucht. War das eine Aufregung, – das Beladen der Wagen in der klirrenden Kälte! Meine Wirtsleute baten mich, ich möchte mit ihnen fahren, ihnen auch ein Pferd und einen Wagen überlassen, den sie dann mit ihren Sachen beladen könnten; ihr Ziel sei nicht weit, und wir würden dann auch bei der Heimkehr rasch wieder zu Hause sein. Ich ließ mich überreden. Heute frage ich mich allerdings, ob ich nicht besser daran getan hätte, bei meinem Treck zu bleiben. Möglicherweise wäre ich dann um all die schrecklichen Ereignisse, die auf mich zukamen, herumgekommen!

Für den Treck war als nächstes Ziel Marienwerder vorgesehen. Frühzeitig fuhren sie schon ab.

Für mich war jede Bewegung schon recht mühsam geworden; alles fiel mir schwer, vor allem das Auf- und Absteigen bei dem hohen Wagen.

Es sollten Hufeisen für die Pferde verteilt werden. Als wir sie holen wollten, gab es Fliegeralarm. Wir waren gerade abgefahren, als die Sirene ertönte. Durch das Sirenengeheul erschreckt, bäumte sich das Pferd, und wir kehrten schleunigst wieder um. Als wir dann zum Hufschmied kamen, gab es keine Hufeisen mehr. Der Schmied war dabei, die Flucht vorzubereiten.

Bevor wir weiterfahren konnten, holten wir noch die Tochter unserer Wirtsleute ab, die mit ihrem Kind in der Nähe wohnte. Beide sollten noch mitgenommen werden. Wegen der Verstopfung der Straßen dauerte es deshalb noch lange, bis wir endlich weiterfahren konnten.

Die Straßen waren eisglatt. Die abgenutzten Hufeisen hafteten nicht mehr; die Pferde glitten aus und der Wagen kam ins Schleudern. Dadurch kam es zum Bruch der Deichsel. Soldaten, die in der Nähe in einem Hause lagen, halfen uns und brachten die Deichsel wieder am Wagen an.

Weiter ging's bei starkem Frost!

Erst spät am Abend des nächsten Tages kamen wir an einem großen Gut an, wo wir übernachteten. Ich hatte tagsüber das Kind auf den Arm genommen und war streckenweise zu Fuß gegangen, da der Wagen auf der glatten Straße hin- und herschleuderte.

Am folgenden Morgen war ich gänzlich erschöpft und lag wie leblos im Bett. Erst nach einer geraumen Weile konnte ich wieder aufstehen. Eine kleine Menge Dextropur, die ich noch bei meinen Sachen hatte, half mir ein wenig.

Weil der Kanonendonner deutlicher zu hören war, mussten wir annehmen, dass die Front näher rückte und die Russen uns einholen würden. Wir entschlossen uns, einen Wagen – den größten – stehenzulassen, um schneller voranzukommen. Im stiebenden Schnee luden wir um.

Es strolchten polnische Spitzel in der Gegend umher, die hatten unseren Polen abgeraten, weiter mit uns zu fahren. So war auch morgens mein Anton verschwunden, und ich konnte ihn nicht mehr finden. Er hatte sich den Wagen unserer Mitfahrer zusammen mit deren polnischen Knecht genommen, ihn beladen und war damit davongefahren. Tags zuvor hatte er mir noch den Rat gegeben, bei Fliegeralarm nicht im Haus zu bleiben sondern mich in den Graben zu legen.

Sie fuhren zurück in ihre polnische Heimat.

Unsere Mitfahrer, die Bauersfrau, ihr kriegsversehrter Mann und zwei Töchter, die nunmehr all ihre Habe verloren hatten, bekamen die Gelegenheit, mit Militärfahrzeugen weiterzufahren.

Am anderen Tage schneite und stürmte es. Panzer und andere Militärfahrzeuge rasten vorbei. Ich sah, wie ein Flüchtlingswagen angefahren wurde und im Straßengraben umkippte.

Da sagte ich zu Martha:

„Ich lasse Gottes Willen geschehen; ob ich unter die Russen komme oder im Straßengraben ende!“

Mit den unbeschlagenen Pferden auf den vereisten Straßen selbst zu kutschieren, – dazu hielt ich mich nicht für fähig.

Ein Flüchtling aus Gumbinnen war auch auf dem Hof. Ich fragte ihn, ob ich mich ihm anschließen könne. Mitfahren könne ich mit ihm, jedoch Hilfe dürfe ich von ihm nicht erwarten.

Und so blieb ich da und wartete der Dinge, die da kommen sollten. Eine Frau aus Lyck in den Masuren war auch allein; wir schlossen uns ihr an und blieben zusammen.

Am Vormittag wurde es so still; – kein Kanonendonner, keine Flieger! Und dann kam ein russischer Offizier mit Soldaten geritten. Er sagte zu uns in gebrochenem Deutsch:

„Deutschland kapituliert; Ihr gehört zu uns!“

Stalins Vernichtungsfeldzug in Ostpreußen

1. Zu den Ursachen sowjetischer Greueltaten

In Deutschland stand man den brutalen Exzessen der sowjetischen Soldateska zunächst mit ungläubigem Erstaunen und mit Entsetzen gegenüber, ja, man zweifelte, soweit nicht selbst betroffen, an dem Wahrheitsgehalt derartiger Berichte. Es ist darum wichtig, die Ursachen dazu aufzudecken:

Die Sowjet-Union hatte sich geweigert, die Haager Landkriegsordnung und die Genfer Konvention anzuerkennen. Missachtung des Völkerrechts, – das war auch der Ungeist, in welchem sich 1944/45 die Besetzung der Ostprovinzen des Deutschen Reiches vollzog.

Nachdem die vorübergehende Komplizenschaft Stalins mit Hitler im Juni 1941 durch den Einmarsch deutscher Truppen in die Sowjet-Union zerbrochen war – übrigens eine präventive und durchaus legale Maßnahme, denn Stalin hatte eine ungeheure Armee an Deutschlands derzeitiger Ostgrenze versammelt – griff Stalin in einer noch nie dagewesenen Hemmungslosigkeit zu der Waffe der Hasspropaganda. Er versuchte die Soldaten der „Roten Armee“ mit Hassgefühlen gegen alles Deutsche zu erfüllen.

Die nichtsahnende, friedliebende Sowjet-Union sei von den Faschisten heimtückisch und wortbrüchig überfallen worden, so die bis heute leider auch in Deutschland selbst anscheinend unausrottbare Geschichtslegende. Es brach eine gesteuerte Propagandalawine los, die alles bisher Dagewesene in den Schatten stellte und die den gesamten sowjetischen Machtbereich durchdrang. „Haß, Haß und noch einmal Haß“ nicht nur gegen den Faschismus, sondern gegen alles Deutsche zu erzeugen war Stalins Forderung.

Das Eindringen der „Roten Armee“ in Ostpreußen, Westpreußen und Danzig, in Pommern, Brandenburg und Schlesien war überall in gleicher Weise von Untaten begleitet, die in der neueren Kriegsgeschichte ihresgleichen suchen.

Massenmorde an Kriegsgefangenen und an Zivilpersonen jeden Alters und Geschlechts, Massenvergewaltigungen von Frauen, selbst von Greisinnen und Kindern, unter ekelhaften Bedingungen, manchmal bis zum Tod, mutwillige Inbrandsetzung von Häusern, Dörfern und ganzen Stadtteilen, systematische Beraubung und Zerstörung privaten und öffentlichen Eigentums und schließlich Massendeportationen von Männern, aber auch von Frauen und Jugendlichen in die Arbeitssklaverei der Sowjet-Union, Trennung von Müttern von ihren Kindern und Zerreißung der Familienbande, – alles Merkmale eines Geschehens, das im flagranten Widerspruch zu den Grundsätzen einer geregelten Kriegführung stand.

Stalins entscheidende Erfüllungsgehilfen bei der Durchführung dieser Vernichtungspolitik waren vor allem Demagogen wie Alexei Tolstoi und Ilja Ehrenburg. Dabei hat wohl Ehrenburg, der Sohn eines jüdischen Bierbrauers in Kiew, alle anderen an Skrupellosigkeit und an Hasserzeugung übertroffen.

Ehrenburgs Artikel wurden als Flugblätter millionenfach in der Sowjet-Armee verteilt; der Tag begann häufig für die Truppe nicht wie zur Zarenzeit mit einem Gebet, sondern mit der Verlesung einer Ehrenburgschen Hasstirade. Die Tatsache, dass die Sowjet-Union nunmehr in die Rolle des Angegriffenen statt des Angreifers schlüpfen konnte, kam der Hasspropaganda entgegen. Schließlich wurden den Deutschen all jene Grausamkeiten nachgesagt, die es in der Deutschen Wehrmacht niemals gegeben hat, bei der „Roten Armee“ jedoch gang und gäbe waren. Und der Sowjetarmist, von Haus aus meist ein einfacher, naiver und ungebildeter Mensch, war diesen Lügen hilflos ausgeliefert und glaubte daran. Zudem hatte er nicht selten die Zerstörungen und Verwüstungen in seinem Land gesehen, die auf Befehl Stalins von den sowjetischen Soldaten selber beim Rückzug der „Roten Armee“ 1941 und 1942 durchgeführt worden waren und nun den Deutschen zur Last gelegt wurden.

So kam es dann zu den entsetzlichen, alles menschliche Vorstellungsvermögen übersteigenden Ausschreitungen den Deutschen gegenüber, – an Soldaten, Kriegsgefangenen und Zivilisten.

Der Hass als Triebfeder

Es war aber durchaus nicht so, dass, wie in Fortführung der Sowjetpropaganda auch heute noch kolportiert wird, die Sowjetsoldaten von vornherein erfüllt gewesen wären von infernalischen Hass- und Rachegefühlen, sondern solche Gefühle mussten in ihnen systematisch und mit Vorbedacht hervorgerufen werden. Die Rotarmisten wurden in ganz bestimmter Absicht aufgehetzt; denn Stalin und die militärische und politische Führung der „Roten Armee“ waren sich sehr wohl des oft mangelnden „Sowjetpatriotismus“ und der zunehmenden Kriegsmüdigkeit des Sowjetsoldaten bewusst, und da man nicht an höhere menschliche Empfindungen appellieren konnte, mussten alle die niederen Instinkte geweckt werden, um ein maximales Maß an Kampfanstrengungen zu erzielen.

Dazu die „Geschichte des Großen Vaterländischen Krieges“:

„Du kannst keinen Feind besiegen, wenn Du ihn nicht aus voller Seele hasst!"

Aus diesem Grund war es eine der wichtigsten Aufgaben der politischen Arbeit, der Kommandeure und der Politkommissare also, die Sowjetsoldaten zu einem „glühenden Haß gegen die faschistischen Okkupanten“ zu erziehen. Und zum Erreichen dieses Zieles waren auch die verwerflichsten Mittel recht.

2. Sowjetpropaganda

Zur Propaganda des Ilja Ehrenburg

Die Propaganda Ehrenburgs wirkte sich vom August 1944 bis in den Mai 1945 besonders verheerend aus. Der deutschen Zivilbevölkerung wurde vor allem im Herbst 1944 ein in der Sowjetarmee weit verbreitetes Flugblatt bekannt:

„Brecht mit Gewalt den Rassenhochmut der germanischen Frauen. Nehmt sie euch als rechtmäßige Beute!“

Die Soldaten der „Roten Armee“ kamen dieser Aufforderung gern nach. Massenvergewaltigungen waren die Folge.

Es gibt keine Bestialität, der die Zivilbevölkerung in Ostpreußen nicht ausgesetzt war.

Manchem schienen derart entsetzliche Berichte unglaublich; sie überstiegen ihr Vorstellungsvermögen. Sie blieben in ihrer Heimat zurück im Vertrauen auf eine gewisse Menschlichkeit beim Feind.

Man hat von diesen Menschen nie wieder etwas gehört.

Sowjetische Flugblattpropaganda von Ilja Ehrenburg, verbreitet als Flugblatt und in Zeitungen

„Die Deutschen sind keine Menschen. Von jetzt ab ist das Wort „Deutscher" für uns der allerschlimmste Fluch. Von jetzt ab bringt das Wort „Deutscher" ein Gewehr zur Entladung. Wir werden nicht sprechen. Wir werden uns nicht aufregen. Wir werden töten. Wenn Du im Laufe eines Tages nicht wenigstens einen Deutschen getötet hast, so ist es für Dich ein verlorener Tag gewesen. Wenn Du glaubst, dass statt Deiner der Deutsche von Deinem Nachbarn getötet wird, so hast Du die Gefahr nicht erkannt. Wenn Du den Deutschen nicht tötest, so tötet der Deutsche Dich. Er wird die Deinigen festnehmen und sie in seinem verfluchten Deutschland foltern. Wenn Du den Deutschen nicht mit einer Kugel töten kannst, so töte ihn mit dem Seitengewehr. Wenn in Deinem Abschnitt Ruhe herrscht und kein Kampf stattfindet, so töte den Deutschen vor dem Kampf. Wenn Du den Deutschen am Leben lässt, wird der Deutsche den russischen Mann aufhängen und die russische Frau schänden. Wenn Du einen Deutschen getötet hast, so töte einen zweiten – für uns gibt es nichts Lustigeres als deutsche Leichen. Zähle nicht die Tage. Zähle nicht die Kilometer. Zähle nur eines: Die von Dir getöteten Deutschen! Töte den Deutschen! – dieses bittet Dich Deine greise Mutter. Töte den Deutschen! – dieses bitten Dich Deine Kinder. Töte den Deutschen! – so ruft die Heimaterde. Versäume nichts! Versieh Dich nicht! Töte!"

„… Töte den Deutschen, den Satan, wo Du ihn antriffst. Schlag ihn auf der städtischen Straße, spreng ihn mit der Granate, stich das Bajonett in ihn oder die Mistgabel; spalte ihn mit dem Beil, setze ihn auf den

Pfahl, zerschneid ihn mit dem Messer – schlag wie Du kannst – aber töte! Töte ihn, und Du rettest Dein Leben und das Deiner Familie. Töte ihn, und Du rettest Deine Heimat und Dein Volk. Überall musst Du die Bestie erschlagen! Wenn er haltmacht und schläft, zerfleische den Schlafenden. Ist er unterwegs, - eine Mine soll ihn zerreißen. Fährt er in der Eisenbahn – lass den Zug entgleisen. Zerdrücke, zerspalte, zersteche ihn im Wald, auf dem Feld, auf den Straßen, – vernichte ihn überall!"

Kommentar zu den Ursachen sowjetischer Greueltaten

Die Überschreitung der Reichsgrenze wurde zum Anlass genommen, um die Sowjetsoldaten mit den verlogenen Behauptungen aufzuputschen, die deutschen Soldaten hätten

„das russische Kind ermordet, die Frau, die Braut und die Schwester vergewaltigt, die Mutter und den Vater erschossen“.

Der Kriegsrat der 3. Weißrussischen Front im Tagesbefehl:

„Wir fordern Euch zu schonungsloser Rache auf! Möge der blutrünstige, verhasste Feind, der uns so viel Leid und Qualen zugefügt hat, erzittern und in den Strömen seines eigenen schwarzen Blutes ertrinken!"

Eines wird deutlich: Wenn schon die führenden Kommandostellen das Begehen von Racheakten als „heilige Pflicht“ hinstellten, so ist es nicht verwunderlich, dass erst recht die nachgeordneten Dienststellen die „sinnlosen Greuel und Zerstörungen“ nicht nur geduldet, sondern die ihnen unterstellten Truppenteile dazu noch aufgefordert haben.

So ein Tagesbefehl einer Schützendivision, die nach Ostpreußen hineinbrach:

„Wir marschieren nach Ostpreußen. Den Rotarmisten und den Offizieren werden folgende Rechte eingeräumt:

- *jeden beliebigen Deutschen zu vernichten*
- *Plünderung des Eigentums der Deutschen*

- *Vergewaltigung der Frauen*
- *Brandschatzung.*
- *Die deutschen Soldaten werden nicht gefangen genommen. Jede Patrone für sie ist unnütz. Sie werden erschlagen oder mit den Füßen zertrampelt".*

(aus dem Bundes-Militärarchiv, Freiburg, R 2/2685)

Fortsetzung aus dem Tagebuch:

Wir kletterten von unserem Wagen hinunter und gingen in das Haus. Als wir alle im Zimmer waren, kam auch der Mann aus Gumbinnen zu uns. Die Russen hatten ihm sein Fuhrwerk abgenommen. Nur wenige Kilometer war er gefahren. Den Weg zurück hatte er zu Fuß zurückgelegt.

Voller Angst saßen wir und warteten. Nachts klopfte es an unserer Tür; es waren Russen mit polnischen Mädchen. Wir mussten das Zimmer räumen, und man führte uns in die Scheune. Dort waren alle Zugänge offen und der Wind pfiff hindurch wie im Freien. Vom Wagen holten wir warme Sachen, unsere Pelze und Decken.

Nun saßen wir drei einsam und verlassen in der Tenne auf Stroh. Neben uns lag ein großer Häckselhaufen.

Einige Zeit verging. Dann kam ein russischer Offizier mit einem polnischen Arbeiter, der Deutsch sprach und dolmetschte. Als der Offizier unsere schreckliche Angst bemerkte, unterhielt er sich eine Weile mit mir. Er fragte mich, wo mein Mann sei. „Er ist Soldat in Frankreich," antwortete ich. Ich bat ihn, die Türen zu schließen. Das wurde auch sofort gemacht, denn er sah, dass ich ein kleines Kind bei mir hatte.

„Frau," sagte er, „morgen früh nehmen Sie den Wagen, bleiben aber nicht auf der Heerstraße, sondern fahren auf entlegenen Wegen!"

Er gab mir einen Zettel; den sollte ich vorzeigen, wenn man mich anhalten würde. Dann würde ich schon weiterfahren dürfen.

Er hielt sich noch in der Scheune auf, als ein russischer Soldat hereinkam und mich anschrie. Da fauchte er diesen an:

„Frau schlafen lassen!“ und der Soldat verschwand eilig.

In den anderen Scheunen lagen ebenfalls Flüchtlingsfamilien. Dauernd wurden die Frauen von den Russen herausgeholt und von ihnen vergewaltigt. Eine Frau, die auch aus dem Kreis Gumbinnen kam, erzählte mir, wie oft sie geschändet worden sei.

Gegen Morgen begann die Räuberei. Tanta Martha war allein in der Scheune. Sie hatte ihren Pelz ausgezogen; sogleich nahm ihn ein Russe fort. Meinen Pelz scharrte ich in den großen Häckselhaufen ein. Ich zog den von Max an und einen Überzieher darüber.

Am nächsten Morgen war der Hof voller Russen. Kühe standen herum und brüllten mit vollen Eutern. Ich holte mir eine Schüssel und molk eine Kuh. Als ich die Milch forttrug, schlug ein Russe mit dem Fuß gegen die Schüssel; die Milch war dahin.

Als ich dann zu meinem Wagen zurückkam, war er „abgeladen“. Kisten, Konserven, Kleiderwäsche – alles war auf der Erde verstreut. Die Koffer waren ausgekippt, meine Kassenbücher und das Geld lagen umher. Geld hatten die Russen nicht mitgenommen, denn nur der Rubel hatte für sie einen Wert. Die Polenweiber trugen meine Wäsche und meine Kleider. Ein Honigglas hatten sie mit den Händen ausgeleert und dann hingeworfen. Von ihren Fingern leckten sie sich noch die Honigreste ab. Auch mein Silberbesteck hatten sie fortgenommen. Nur ein Besteck konnte ich noch retten. Ich verbarg es unter dem Häcksel. Die herumliegenden Reste suchte ich wieder zusammen und lud sie auf den Wagen.

Ich hatte mir selbst ein Pferd angespannt und mit ihm den Wagen ganz dicht herangefahren. Mit dem Zettel von dem russischen Offizier in der Tasche glaubte ich mich eigentlich ganz sicher zu sein. Da kommt eine Polin und will den Wagen haben.

„Das ist mein Wagen!“ wehrte ich mich.

"Halt die Schnauze", fuhr mich das Weib an.

Sie holte einen Russen hinzu. Der setzte mir die Pistole auf die Brust und schoß dann einige Male damit in die Luft. Das Pferd bäumte sich bei dem scharfen Knall auf, zerriss das Seil und rannte davon. Ich stand da, – völlig deprimiert. Alles geschah in Blitzesschnelle. Dann zog ich das Schreiben des Offiziers hervor und zeigte es dem russischen Soldaten. Der riß es mir aus der Hand, – und ich habe den Zettel nicht wiedergesehen.

Ich musste nun zusehen, wie das fremde Volk all die Sachen, an denen ich hing, fortnahm, einpackte und wegschleppte. Nur noch wenige Reste konnte ich retten. Auch die Pferde führten sie davon. Aus war’s mit dem Fahren.

Im Haus kochten wir uns noch etwas.

Am Nachmittag wurden alle Frauen zusammengetrieben. Wir sollten erschossen werden, sagte man uns. Das war ein Gefühl! Es wurde viel gebetet, und wir wussten nicht: Dauert unser Leben noch eine Stunde oder nicht.

Stalins Vernichtungsfeldzug in Ostpreußen (Forts.)

3. Die Schändungen deutscher Frauen

Schändung der deutschen Frau als „Siegestrophäe"

Und die „Rote Armee" fuhr wie eine Geißel über das deutsche Land, – wie eine Furie nach Ostpreußen hinein. Es wurde in der Zivilbevölkerung gefoltert und gemordet, – so recht „nach Herzenslust". Die Soldaten hatten ja einen Freibrief: Mancher Kommandeur forderte förmlich zur Vernichtung der deutschen Bevölkerung auf.

Wohl noch nie hatte eine Armee derartig viele Frauenschändungen vorgenommen. Fast jedes weibliche Wesen, dessen man habhaft werden konnte, musste es über sich ergehen lassen. Häufig wurde die Frau mehrfach vergewaltigt, – ja, die Rotarmisten „standen Schlange", um sich die Frau vorzunehmen. Kinder von 8 bis 12 Jahren wurden ebenso wie Greisinnen nicht verschont. Und hatte man sein Mütchen gekühlt, dann wurde nicht selten das arme zerquälte Wesen kurzerhand erschossen; man hatte ja „seinen Spaß" gehabt.

Nur wenige Frauen haben sich retten können. Manche liefen in die Wälder und verbargen sich dort – bei grimmiger Winterkälte. Einigen wenigen gelang es durch Vorschützen ansteckender Krankheiten (Typhus u.a.), den Gefahren zu entgehen.

Und war einmal eine Frau durch diese Hölle gegangen, so war sie seelisch zerbrochen, und noch Jahre später schrie es in ihr: „Frau – komm, komm!"

Erlebnisbericht einer vergewaltigten Frau

(Auszug)

„Zusammen mit anderen Frauen wurde ich zum Zweck der Vergewaltigung in ein dafür bestimmtes Gebäude eingesperrt.

Die Vergewaltigungen wiederholten sich täglich zweimal, jedes Mal mehrere Soldaten, bis zum 7. Tag. Dieser 7. Tag war mein schrecklichster Tag; ich wurde abends geholt und morgens entlassen. Am Geschlecht wurde ich ganz aufgerissen und hatte eine armstarke Geschwulst vom Geschlechtsteil an beiden Oberschenkeln bis an die Knie. Ich konnte nicht mehr laufen und nicht mehr liegen. Dann folgten noch drei schreckliche Tage wie zuvor.

Dann waren wir nach Ansicht der russischen Soldaten fertig und wurden nackt aus diesem Höllenraum herausgejagt. Andere Frauen traten an unsere Stelle. Eine ältere Frau gab mir eine Decke.

Diese Scheußlichkeiten wurden im Beisein von zehn Frauen und oft auch noch unter den Augen der eigenen Kinder ausgeführt. Meinen beiden Kindern blieb es jedoch erspart. In diesen Tagen erhielten wir kein Essen, sondern nur Alkohol und Zigaretten.

Danach mussten wir zur Unkenntlichkeit gemarterten Frauen uns sammeln und wurden auf den Todesmarsch nach … getrieben.

Weil wir keine Schuhe mehr an den Füßen hatten, banden wir uns Sacklappen um die Füße. Ich nahm ein Kind auf den Arm und das andere an die Hand. Unter Begleitung russischer Soldaten wurden wir vorwärts getrieben. Wer vor Schwäche umfiel, wurde in den Straßengraben geworfen und dort erschossen“.

Zu den Vergewaltigungen seitens der Sowjet-Armee

(Prof. App, – ein Mitglied der amerikanischen Kommission bei der Konferenz in Potsdam 1945)

„Es war die brutalste Anhäufung von Vergewaltigungen, die in der Geschichte des christlichen Europas bekannt geworden ist. Unsere (amerikanischen) Truppen warteten absichtlich vor den Toren Berlins, um dieses Übermaß an Frauenschändungen nicht zu stören. Die Vergewaltigung deutscher Frauen blieb auch weiterhin in Berlin an der Tagesordnung.

Sie gingen vor Präsident Truman's Augen vor sich, als er gelegentlich der ‚Potsdamer Konferenz' sich wohlgestimmt folgendermaßen ausdrückte:

‚Das Deutsche Volk beginnt, für die Verbrechen der Gangster zu büßen, die es zur Macht erhob, die es wohlwollend ertrug und deren Befehlen es sich gehorsam unterwarf.'
(Dep. of State Bulletin, Aug. 1945)

Ich möchte einmal wissen, von was für ‘Gangstern' er da spricht? Haben denn die Urheber an diesen abscheulichen Schändungen, die weder an Vertierung noch an Zahl ihresgleichen in der Geschichte je gehabt haben, das Recht, auch nur irgendeine Person als ‚Gangster' zu bezeichnen? …

Der Präsident sah das alles mit an, trank mit Stalin Champagner und billigte die völlige Ausplünderung und Vertreibung von mehr als 12 Millionen Deutschen, – Männer, Frauen und Kinder, und alles als ‚Strafe' für die sogenannten ‚deutschen Verbrechen'!“

Und Prof. App fährt fort:

„Es war Amerika vorbehalten, mehr Kirchen zerstört zu haben als jemals Vandalen zerstört haben, eine ganze große Stadt (gemeint ist Hiroshima) in die Luft zu sprengen, lediglich, um eine neue Waffe auszuprobieren, sowie auch einem ganzen christlichen Volk die Politik bedingungsloser Ergebenheit aufzuzwingen, derart, dass dieses Volk hilflos ausgeplündert und von den lasterhaftesten Horden Asiens aller Zeiten vergewaltigt wurde.

Und obendrein laden wir diese Massenvergewaltiger von deutschen Frauen als geheiligte Bundesgenossen zur Verurteilung jener ein, welche die anständigste Armee des 2. Weltkrieges geführt haben.“

4. Tötungsmaßnahmen seitens der Sowjet-Armee

Ermordet wurde auf vielerlei Art und Weise:

Flüchtlingstrecks wurden von Panzern niedergewalzt oder zusammengeschossen, Männer und Frauen besonders nach angetaner Schändung erschossen, erschlagen, erstochen. Überall in den Häusern und auf den Straßen wurden Zivilpersonen ermordet, in manchen Gebäuden, Scheunen oder Schuppen bisweilen auch lebendigen Leibes verbrannt. Männer, die ihre Frauen vor einer Gewalttat zu schützen versuchten, wurden kurzerhand durch Erschießen daran gehindert. Beamte und Uniformträger des öffentlichen Dienstes, also Polizisten, Feuerwehrleute, Eisenbahner und Postbedienstete wurden systematisch als „Faschisten" ermordet, ebenso die „Kapitalisten" wie Bauern, Gutsbesitzer und Hauseigentümer. Die Sowjetsoldaten erschlugen oder erschosssen während der Deportationen alle die, welche aus Kräftemangel nicht Schritt halten konnten oder zusammenbrachen. In den Folterkellern des NKWD – das war die politische Polizei der Sowjet-Union – starben viele der Verhörten unter unmenschlichen Torturen. Die Einwohnerschaft ganzer Dörfer wurde mitunter nur deswegen zusammengetrieben und erschossen, weil sie einfach Deutsche waren.

Für das zügellose Treiben der sowjetischen Soldateska gibt es keine feststehende Regel. Allgemein wird in den so genannten Vertreibungsgebieten eine Gesamtzahl von 2,2 Millionen „ungeklärter Fälle" geschätzt, die als Verbrechensopfer, also als Opfer des antideutschen *Genozids* anzusehen sind.

5. Die Zwangsdeportationen in die UdSSR

Auf der Grundlage des „Staatlichen Verteidigungskommitee's“ sollten alle reichsdeutschen arbeitsfähigen Männer zwischen 17 und 50 Jahren und alle Frauen zwischen 18 und 30 Jahren festgenommen, zu Arbeitsbataillonen zusammengestellt und zur Sklavenarbeit in die UdSSR deportiert werden. Entsprechende Befehle lagen auch für Volksdeutsche, also Deutsche, die im Ausland beheimatet waren, vor.

„Zweieinhalb Monate lang fuhren Transportzüge nach Osten, beladen mit Zehntausenden deutscher Frauen und Greisen“

schrieb Professor Semirjaga, der fünf Jahre lang in verantwortlicher Stellung der sowjetischen Militäradministration in Deutschland (SMAD) angehört hatte. Die Wirklichkeit sah noch schlimmer aus, denn es wurden auch Kinder bis hinab zu 12 Jahren unter grauenhaften Bedingungen abtransportiert, was unzählige Todesfälle schon während der Fahrt zur Folge hatte.

Durch diese Mitwirkung an der Erfüllung des verbrecherischen Befehls Stalins hat sich die Führung der „Roten Armee“ des Kriegsverbrechens und des Verbrechens gegen die Menschlichkeit im Sinne des Statuts des internationalen Gerichtshofes in Nürnberg schuldig gemacht. Dort wurden jedoch zur gleichen Zeit Alfred Rosenberg und Fritz Sauckel zum Tode, Albert Speer zu zwanzig Jahren Gefängnis wegen eben dieser „Verbrechen“ verurteilt.

6. Die Plünderungen der Sowjetarmee in Deutschland

Hier ging auch die oberste Führung der Sowjetarmee mit schlechtem Beispiel voran.

Selbst der „Kriegsheld der Sowjet-Union“ Marschall Schukow, der als der Oberbefehlshaber am 8. Mai 1945 in Berlin die Kapitulation der Deutschen Wehrmacht entgegengenommen hatte, machte keine Ausnahme. Die Zollbehörden stoppten seinerzeit die Einfuhr von sieben Eisenbahnwaggons, vollgestopft mit erlesenen Möbeln, kostbaren Teppichen und Stoffen sowie Gemälden und anderem wertvollen Beutegut aus deutschen Schlössern und aus privatem und öffentlichem Besitz, das für persönliche Zwecke Schukows nach Odessa transportiert werden sollte.

So nimmt es bei der Handlungsweise des obersten Chefs nicht wunder, wenn sich auch andere hohe Offiziere der Sowjetarmee auf ähnliche Weise bereicherten und plünderten.

Eine russische Ärztin hatte sich auch niederge-
lassen Tante Marta hatte eine kranke Hand ein
roter Streifen ging schon rauf. Als sie hinging
verordnete sie kalte Wasserumschläge. Dann be-
kamen wir Essigsauretonerde, machten davon
Umschläge u. die eine Frau gab Ichthiolsalbe
und so wurde es besser. Als schon Frühling war
musste ich Säcke flicken gehen. Manchmal be-
kam ich auch das Essen. Die Flüchtlinge gingen
mit den Handwagen, da keiner Pferde hatten scharen
weise Richtung Heimat. Unsre Bauern sagten dann
Seht die gehen nach hause ob wir nicht auch gehen
wollen. Ich war im 7. Monat u. Gert so krank ge-
wesen. Als die Polen kamen hörten die Ängste. Etwas
auf gestohlen wurde ja auch noch doch nicht mehr
so und. die Frauen brauchten vor Vergewaltigung
keine Angst haben. Als es Salat gab bekamen wir
auch von unser Bäuerin. und Milch hatten denn
ja auch so fristeten wir unser Dasein. Die Zeit

Fortsetzung aus dem Tagebuch:

Die Frau, mit der ich fahren wollte, konnte polnisch sprechen und auch ein wenig russisch. Sie verhandelte mit den Russen und redete lange mit ihnen. Als sie dann zurückkam, sagte sie:

„Ich habe für Euch alle geredet. Wir werden nicht erschossen."

Dann mussten wir unsere Hände vorzeigen. Man wollte feststellen, ob wir zur „arbeitenden Bevölkerung" oder zu den „Kapitalisten" gehörten. Die als „Kapitalisten" auf diese Weise aufgefundenen Flüchtlinge wurden abgesondert. Sie wurden auf einen Wagen geladen und weggefahren. Offensichtlich in Richtung Sibirien in die dortigen Arbeitslager. Nicht viele von ihnen werden dort angekommen sein, – die wenigsten sahen ihre Heimat wieder.

Vom Umladen waren meine Hände rot und aufgequollen, dass sie mich und auch Martha zu den „Arbeitenden" rechneten.

Wir haben dann inmitten der Russen uns Essen gekocht. Ich habe dort auch das Kind gebadet. Als das die russischen Soldaten sahen, nahmen sie es mir fort und setzten es sich abwechselnd auf die Knie.

Später suchten sie eine Anzahl von Frauen heraus, denen sie sagten, sie sollten ihre Dokumente holen und vorzeigen. Als sie draußen waren, wurden sie alle vergewaltigt.

Dann wurde Stroh hinausgetragen, und wir durften uns hinlegen. Wir haben in diesen Stunden viel gebetet.

Unbedingt brauchten wir ein Pferd. Als Martha einmal hinausging, sah sie ein altes Pferd, das am Zaun festgebunden war. Das holten wir uns. Einige ältere

Männer waren noch da, die einen Wagen herrichteten. Wir luden noch einiges an Habseligkeiten auf, setzten Alte und Kinder hinein und machten, dass wir fortkamen.

Wir hatten uns mit einer Frau zusammengefunden, die auch aus unserer Heimat kam. Einige andere Flüchtlinge, die noch ihren Wagen hatten, wollten uns nicht mitnehmen.

Wenn Gerhard Hunger hatte, brachte er das in seiner kindertümlichen Art zum Ausdruck durch: „Ess, ess!" Da sagten unsere Mitfahrer, das solle er nicht tun, denn wenn das die Russen hörten, würden sie denken, er meine die SS, und es könnte was passieren!

Wir kamen durch das Dorf, in dem ich schon im Herbst Unterkunft gefunden hatte. Dort suchte ich meine Bauersleute auf. Als ich fragte, ob sie mich aufnehmen würden, sagten sie gleich zu. So luden wir die Reste unserer Habe vom Wagen und blieben dort. Sie liehen mir einen Handschlitten, damit wir unsere Sachen in ihr Haus fahren konnten. So zogen wir nun mit dem vollbeladenen Schlitten und dem ebenfalls vollen Kinderwagen, in den ich Gerhard noch gesetzt hatte, durch die Straßen. Es war in dem tiefen Schnee bei stürmischem Schneetreiben ein mühseliges Weiterkommen

Wie arm kamen wir uns vor!

Im Hause lag der russische Stab, für den der Bauer Fahrerdienst machen musste. Wir bekamen ein kleines Zimmer; ein Bett und ein Tisch standen darin. Ein paar Kisten hatte man uns gegeben für unsere Habseligkeiten. Einiges wurde im Bett versteckt; auch die Schuhe hängte ich unter die Matratze.

Obwohl wir nur ein Bett hatten, in dem wir zu dritt schliefen, waren wir doch froh, ein Unterkommen zu haben.

Außer uns waren noch einige andere Flüchtlingsfrauen im Dorf. Sie alle wurden verpflegt. Man half sich eben wie man konnte.

Der Hund des Hauses lag bei uns im Zimmer. Gerhard hat ihn immer gestreichelt, wofür er ihn mit seinen lieben Tieraugen dankbar anschaute.

Anfangs zeigten sich keine Russen; als aber der Stab abgezogen war, fing es an: Eine Horde drang in das Haus ein und drängte sich auch in unser Zimmer. Unter einem Stuhl, der nur drei Beine hatte, stand ein Kasten mit Nahrungsmitteln und über dem Stuhl hing eine Decke. Als ein Russe an den Stuhl stieß, brach er zusammen. Da rissen sie den Kasten hervor und nahmen das meiste mit. Einen Beutel mit Zucker, der auf dem Ofen stand, rissen sie herunter, so dass sich der Fußboden mit dem Zucker bedeckte. Ich sagte ihnen:

„Ich brauche das für das Kind!"

da gab mir einer der Männer ein Stück Traubenzucker und ein Handtuch. Ein paar Kleidungsstoffe hängten sie sich noch über die Schultern, und dann zogen sie wieder ab.

Später kamen sie wieder und suchten sich Leute für die Landarbeit aus. Wir wurden auf ein Gut in einiger Entfernung gebracht. Dort mussten wir die Pferde zusammentreiben und den ungedroschenen Roggen aus der Scheune heraustragen. Auch ich hatte mit anderen Frauen und einigen alten Männern diese Arbeit zu tun.

Jeden Morgen ging es jetzt zur Arbeit. Ich musste mit meinen leichten Schuhen über den gepflügten Acker stolpern. Die Bäuerin gab mir ein Paar Männerschuhe; da ging es besser.

Ein Ende in Königsberg – Erlebnisbericht einer Frau aus Königsberg

Beim Einmarsch der Roten Armee lebten in Königsberg noch über 80.000 Zivilisten, fast ausschließlich Frauen, Kinder und alte Männer. Im Juni 1947 waren nur noch 15.000 Königsberger in der Stadt. Kaum 1000 hatten sich in der Zwischenzeit aus der Stadt retten können, 5.000 sind nach Angaben der sowjetischen Verwaltung erschossen worden. Ein Teil, der für die sowjetischen Behörden nicht mehr erfassbar ist, wurde 1945/46 zur Zwangsarbeit nach Osten verschleppt. Die übrigen Königsberger sind durch Hunger und Seuchen umgekommen.

„... Immer noch lag starkes Artilleriefeuer auf der ohnehin schon durch die Bomben alliierter Flieger vernichteten Stadt. Viele Frauen flüchteten durch die brennenden Straßen. Wir erreichten den Bunker der Spulenfabrik Rathshof und taumelten zum Eingang.

Zu Tausenden standen wir nun, wie die Heringe aneinandergepresst, im Bunker. Vom Eingang her war schon deutlich Gewehr- und Maschinengewehrfeuer zu hören. Ununterbrochen brüllten Detonationen dazwischen.

Gegen Mittag des nächsten Tages drangen polnische Zivilarbeiter ein und schrien:

„Die Russen sind da! Alles raus; Gepäck drinnen lassen!“

Wir blickten einander an. Alles, was Rundfunk und Zeitung an Furchtbarem geschrieben hatten, fiel uns mit einem Schlag ein. Es sollte allerdings durch die Wirklichkeit weit übertroffen werden.

Vom Eingang her peitschten Schüsse. Die Russen, die sich nicht in den Bunker hineinwagten, schossen einfach hinein. Die Frauen schrien und weinten und drängten die Bunkertreppen hinauf. Mitten in dieser Masse ließ ich mich hinaufschieben, meinen Sohn krampfhaft an mich gepresst. Meine Knie zitterten. Ehe ich mich noch an das helle Tageslicht gewöhnen konnte, riß mir schon ein Russe meine Armbanduhr ab. Rechts und links standen die Russen wie zum Spalier.

„Ur, Ur jest!“ schrien sie.

Wer sich gegen die Wegnahme von Uhren oder auch anderer Schmuckstücke wehrte, verlor augenblicklich sein Leben.

Es begannen nun in aller Öffentlichkeit Szenen, die ich niemals vergessen kann: Fast jede Frau – und wir waren wohl an die 3.000 – wurde vor aller Augen vergewaltigt; offen, bei hellem Tageslicht. Die Kinder, die das alles sahen, weinten und schrien. Wer von den Frauen sich wehrte, wurde erschossen. Auch ich habe mich nicht gewehrt.

Immer neue Haufen von Russen strömten herbei. Weil in der Nähe eine Menge Gebüsch war, versuchten einige Frauen mit ihren Kindern da hinein zu flüchten. Erst jetzt hörten wir, dass sowjetische Flieger ständig über uns kreisten. Diese feuerten mit ihren Bordwaffen auf die Flüchtenden. Viele von ihnen brachen blutüberströmt zusammen. Die anderen, darunter auch ich mit meinem Jungen, liefen wieder zum Haufen zurück.

Nun wurden wir zu einer Kolonne zusammengetrieben und mussten einen Fußmarsch antreten. Wer noch irgend etwas von Wert bei sich hatte, wurde dessen beraubt. Systematisch wurden die Reihen zu diesem Zweck „gefilzt“. Stalin hat darüber öffentlich berichtet:

„Die dankbare Bevölkerung beschenkte ihre Befreier mit Ringen, Uhren und Schmuckstücken“.

Man trieb uns an einer Eisenbahnbrücke vorbei. Dort lag eine große Menge Frauen in wirren Haufen. Es waren wohl Tausende; genau vermag es wohl kein Mensch zu sagen. Sie waren tot. Ob sie erschossen worden waren oder durch Bombenvolltreffer getötet, weiß ich nicht. Wir nahmen an, dass sie hier zusammengetragen wurden.

Der ganze Pregel schwamm voller toter Frauen. In dem Wasser bildeten die Kleider und die gelben, roten und blauen Schlüpfer ein grausiges Bild.

Als wir an der Kraftfahr-Kaserne vorübergeführt wurden, lagen Bäume über der Straße, die offenbar als Straßensperre von deutschen Pionieren umgelegt worden waren. Einige der Frauen rissen sich hier los, turnten auf den Stämmen umher, ritten auf ihnen wie die Kinder, lachten, schrien und weinten. Sie waren irrsinnig geworden.

Rechts von der Kaserne waren die Wiesen unter Wasser gesetzt worden, und während im Pregel hauptsächlich Frauen getrieben waren, schwammen hier viele Hunderte tote deutsche Soldaten, aber auch einige Zivilisten und sogar Kinder.

Russische Offiziere mit breiten Achselstücken durchstreiften die Uferränder des Überschwemmungsgebietes. Sie hatten Stangen in der Hand und zogen damit die Toten an das Ufer, drehten sie um und durchsuchten sie nach Uhren und Ringen.

Wir aber wurden weiter getrieben. Manche der Frauen wollten austreten. Aber unser jammervoller Zug zog wie hypnotisierend immer mehr Russen an, und jede Frau, die austrat, wurde vergewaltigt. Im Zug war man noch einigermaßen sicher. So kam es, dass die Frauen es nicht mehr wagten, auszutreten, und bald stank unser Zug fürchterlich.

Bei Ponarth wurden wir abends in das riesige Glashaus einer Gärtnerei gedrängt, wo wir eng an-

einander gepresst die Nacht über stehen mussten. Das Glashaus wurde die ganze Nacht von russischen Soldaten belagert, und jede Frau drängte mit Gewalt zur Mitte, denn dort hatte sie noch am ehesten Ruhe.

Die Bilder dieser Nacht sind nicht wiederzugeben.

Am nächsten Morgen ging es weiter. Zu essen bekamen wir nichts. Wir versuchten manchmal, aus den nahen Mieten Futterrüben und Kartoffeln zu ergattern, die wir dann roh aufaßen. Die Folge war eine entsetzliche Dysenterie.

Immer wieder kamen neue Sowjetkolonnen, die uns anfielen. Da sie keinen Schmuck mehr fanden, rissen sie uns Kleider und Mäntel herunter. Wer unglücklicherweise gutes Schuhwerk hatte, dem wurden die Schuhe ausgezogen, so dass er barfuß marschieren musste. Einige waren splitternackt ausgezogen worden und hüllten sich notdürftig in Decken mit ausgeschnittenen Löchern ein.

Es kamen auch die ersten Selbstmorde vor. Zu Dutzenden ertränkten sich die Frauen in den Teichen längs der Schönfließer Allee.

Mein Junge, der das alles mitansehen musste, blickte mich mit Augen an, die keinem Kind angehörten. Er sagte bittend zu mir:

„Mutti, erschieß mich!" Weinend habe ich ihm klargemacht, dass das nicht ginge; ich hätte ja keine Pistole.

Das Elend riss nicht ab. In einer der folgenden Nächte wurden wir in eine Autowerkstatt hinein gezwängt. Des nachts schlugen die Russen die Türfüllungen ein, und als wir uns gegen die Tür stemmten, schossen sie auf uns. Da ließen wir es sein und ergaben uns in unser Schicksal.

Die vierzehnjährige Anni, deren Eltern eine Bäckerei in Königsberg hatten, war in der ersten

Nacht über vierzigmal vergewaltigt worden. Wochenlang konnte sie nicht mehr sitzen. Ihr Vater war als Kapitalist sofort erschossen worden, ihre Mutter ist später verhungert.

Bald verhungerten auch bei uns die ersten. Es ging alles sehr schnell. Die Ältesten, die Kranken und die Schwächsten nahm ein gütiger Tod. Meist schliefen sie still und wortlos ein. Wir begruben sie dann neben dem Haus.

So wie uns ging es wohl der erdrückenden Mehrheit der Königsberger.

Im April 1947 wurde uns befohlen, die Stadt mit einem der nach Westen rollenden Güterzüge zu verlassen. Große Massen von Frauen und Kindern belagerten den Bahnhof. Sie versuchten, auf den Dächern oder auf den Puffern der Wagen der Hölle von Königsberg zu entkommen. Die russische Militärpolizei schlug die Frauen mit dem Gewehrkolben von den Dächern und stieß mit den Bajonetten nach denen, die sich an die Trittbretter anklammerten. Viele stürzten unter die Räder und schrien grässlich. Manche waren sofort still.

Plötzlich fuhren überfallartig von allen Seiten russische Lastwagen heran. Sowjetsoldaten sprangen ab und machten ihre Gewehre und Maschinenpistolen schussbereit. Es war eine der Razzien für die Sammeltransporte nach Sibirien. Vergeblich versuchten wir, auszubrechen, um so unserem Schicksal zu entgehen. Wir waren jedoch umzingelt.

Die ganze Menschenmenge – viele Hunderte – wurde in die bereitgestellten Wagen gepfercht, die sodann fest verschlossen wurden. Es war ein ganz langer Zug. Nach einer Weile setzte er sich in Bewegung. Wohin?

Es sollte viele Jahre dauern, bis ich die Heimat wiedersah und unter deutschen Menschen in Freiheit leben konnte.

Brief einer Ordensschwester an ihre Eltern über ihre Zwangsarbeit

Eine Schwester aus dem Orden der Vinzentinerinnen, die ihre Heimat nicht mehr wiedersah, schreibt 1945 an ihre Eltern:

„Meine lieben Eltern!
Nun ergibt sich doch eine Gelegenheit, Euch ein Lebenszeichen zu schicken. Aber ob mein Briefchen ankommt? Ob Ihr mich schon gestorben glaubtet? … Es ist furchtbar, was wir ca. 1500 Schwestern durchmachen. Wir werden wie Tiere behandelt, mit Schlägen zur Arbiet und von ihr zurückgetrieben. Wir gelten weniger als Tiere, denn auf uns wird gar keine Rücksicht genommen; ob wir zusammenbrechen und tot liegen bleiben oder ob uns eine Wache zu Tode prügelt, ist ganz gleichgültig. Wortlos und mit mutlosem Herzen wanken wir zur Arbeit. Und wenn die Arbeit nicht rasch genug vorangeht oder die Wache schlecht gelaunt ist, dann saust die Peitsche auf uns. Erst hatten wir an einer großen Brücke gearbeitet, schwerste Männerarbeit; Eisenträger tragen und schieben, hoch über dem Fluss. Wer zusammensank, bekam die Peitsche, wer liegen blieb, den stieß der Wärter hinunter in den Fluss. Den ganzen Tag schwerste Arbeit bei ganz trauriger Ernährung, nur etwas schlechtes Brot und eine dünne Suppe. Viele erliegen den Anstrengungen, und wir beneiden sie um den Tod. Gegenwärtig arbeiten wir in einem Bergwerk, den ganzen Tag unter der Erde, in schlechter Luft. Viele sind schon gestorben …“

(aus Father Reichenberger: „Ostdeutsche Passion“, Düsseldorf, 1948)

7. Sowjetische Stellungnahme zum deutsch-sowjetischen Krieg

Sowjetischer Propagandasender „Radio Frieden und Fortschritt" im Februar 1975:

„Es ist gut bekannt, dass der sowjetische Soldat gegen Kinder und Frauen nicht gekämpft hat, und bekannt ist auch, dass einzelne Fälle von disziplinären Ausschreitungen in unserer Armee aufs strengste bestraft wurden, obwohl es sich um Soldaten handelte, deren überwiegende Mehrheit nach Deutschland gekommmen waren, nachdem sie im Ergebnis der faschistischen Aggression ihr Heim, ihre Familie, die nächsten und teuersten Menschen verloren hatten.

Keine andere als die Sowjet-Union nahm die Belieferung und die Versorgung in den von ihr eingenommenen Gegenden auf sich, was unter den Verhältnissen jener Zeit die Rettung des Lebens von Millionen und Abermillionen von Deutschen bedeutete.

Aus der „Geschichte des Großen Vaterländischen Krieges"

„Als die sowjetischen Truppen deutschen Boden betraten, riefen die Politarbeiter die Soldaten und Offiziere auf, wachsam zu sein, sich gegenüber der deutschen Bevölkerung, die sich loyal verhielt, human zu zeigen, die Ehre und die Würde der

Sowjetmenschen zu wahren und die Vernichtung materieller Werte … nicht zuzulassen.

In den Gebieten Ostpreußens, die in den ersten Angriffstagen von den sowjetischen Truppen besetzt worden waren, befanden sich nur Frauen, Greise und Kinder. Das Zusammentreffen mit der ‚Roten Armee' machte auf sie einen großen Eindruck. Viele staunten darüber, dass die Soldaten und die Offiziere der sowjetischen Armee nicht zerlumpt, nicht schlecht bewaffnet und nicht grob waren, sondern entgegen ihren Erwartungen gut gekleidet, gesund, freundlich und kinderlieb auftraten.“

Und an anderer Stelle im gleichen Werk heißt es:

„Die Soldaten unserer siegreichen und friedliebenden Armee wurden von der deutschen Bevölkerung begeistert und freudig empfangen. Die Frauen beschenkten ihre Befreier mit Uhren, Halsketten und anderem Schmuck.“

8. Aussagen zum Verhalten der Rotarmisten in Ostpreußen

Aus einer schier unübersehbaren Menge von übereinstimmenden Berichten von russischen Kriegsgefangenen und Überläufern mögen an dieser Stelle einige Berichte stehen, die das grausige Geschehen auf ostpreußischem Boden illustrieren:

Ein Augenzeuge der 358. Schützendivision:

„Unser Regimentsadjutant nahm sich drei Mädchen von etwa 18 Jahren (davon eine Polin), schleppte sie in sein Zimmer und vergewaltigte sie nacheinander. Danach übergab er die Mädchen den Rotarmisten, welche ihrerseits die Mädchen nach schweren Misshandlungen … mehrfach vergewaltigten. Eines von den Mädchen wurde daraufhin erschossen.“

Ein Überläufer aus der 343. Schützendivision:

„Auf dem Wege von Sensburg nach Osten sah ich am Straßenrand immer wieder Ermordete, darunter auch eine vergewaltigte Frau mit aufgehobenen Röcken, in die man einen Peitschenstiel hineingesteckt hatte. Wieviel Ermordete ich auf diesem Wege gesehen habe, kann ich nicht abschätzen, denn es waren sehr viele.“

Viele Rotarmisten brüsteten sich offen damit, wie viele deutsche Zivilisten sie ermordet und wie viele Frauen sie geschändet hätten. Andere erzählten, dass sie beim Betreten deutscher Häuser gleich die erste beste Frau ins Bett geworfen und sie in Gegenwart der übrigen Familie vergewaltigt hätten. Der letzte habe dann die Frau erschossen.

Ein anderer kriegsgefangener Russe berichtet:

„Stalin hat doch befohlen, dass wir in Ostpreußen hausen können, wie wir wollen. Die Führer haben uns gesagt, wir sollten Städte und Dörfer verwüsten und die Frauen vergewaltigen. Und wer Widerstand leistet, der soll getötet werden!“

Zwei bekannte Schriftsteller berichten in ihren Werken:

1. *„Eine Kolonne Soldaten ... Sie gehen ins Haus. Sie lachen: Mutter, gib Eier! Die Hausfrau gibt ihnen saftige Äpfel. Sie nehmen diese und knacken sie mit ihren durchgefrorenen Zähnen. Dann erschießen sie die Hausfrau; der Teppich wird von ihrem Blut bespritzt. Der Mann liegt krank im Bett; er wird mit einer Garbe der Maschinenpistole geheilt. Nur ein kleiner Enkel kann entkommen; wie ein Hase läuft er durchs Feld zum Wald ...“*

2. *„Gestern kamen wir nach Neidenburg (Ostpreußen). Brände erhellten die Stadt. Straßenzüge standen in Flammen. Die Unsrigen haben sie in Brand geschossen. Dennoch waren einige Gebäude verschont geblieben. In einer Seitenstraße an der Zierhecke eines Wohnhauses lag die Leiche einer alten Frau: Ihr Kleid war zerrissen; zwischen ihren mageren Schenkeln lag ein Telefonapparat; der Hörer war, so gut es ging, in ihre Scheide gestoßen worden.*

   Auf der Straße streunten gemächlich Soldaten herum. Auf meine Frage erklärte einer von ihnen redselig, die Deutsche sei eine Spionin gewesen, denn sie hätten sie am Telefon erwischt; da ließ man sie nicht lange kreischen."

Diese beiden Schilderungen stammen nicht etwa von überlebenden Deutschen, sondern von sowjetischen Offizieren und sind aufgezeichnet in (1) Solschenizyn: „Preußische Nächte“ und (2) in Lew Kopelew: „Aufbewahren für alle Zeit“.

9. Die Schuldfrage

Durch die auf deutschem Boden begangenen Völkerrechtsverletzungen hatten sich große Teile der „Roten Armee" außerhalb der Traditionen herkömmlichen Soldatentums gestellt. Straftaten gegen Wehrlose (wie in den vorstehend geschilderten Beispielen) waren in den Armeen anderer europäischer Staaten selbst im 2. Weltkrieg unbekannt und wären von den Kommandostellen auch niemals geduldet worden.

Auch die *Deutsche Wehrmacht* machte hiervon keine Ausnahme. Raub und Plünderung, ganz zu schweigen von Mord und Notzuchtverbrechen, waren nach zwingenden Vorschriften der Militärjustiz mit schweren Strafen bedroht. Die Kriegsgerichte haben auch in den sowjetischen Gebieten zur Wahrung der militärischen Disziplin Vergehen und Verbrechen an der Zivilbevölkerung in der Regel mit harten Strafen

Vernichteter Treck

geahndet und oft auch die Todesstrafe verhängt. Fragt man daher nach den Verantwortlichen für die in den deutschen Ostgebieten begangenen Massenverbrechen, so sind es neben Stalin und seinen Demagogen in erster Linie die Truppenführer und Kommandeure, die für das Verhalten ihrer Untergebenen verantwortlich sind, die als „Kriegsverbrecher“ im Sinne des Nürnberger Statuts zu betrachten sind, also die Offiziere aus der mittleren Führungsebene.

Fortsetzung aus dem Tagebuch:

Von der Kälte und der Aufregung hatte ich einen bösen Durchfall bekommen, so dass ich öfter meine Arbeit unterbrechen musste. Das war sehr unangenehm, denn es standen überall russische Soldaten, die uns bewachten.
Ab und zu bekamen wir auch etwas zu essen; zumeist Brot und Magermilch. Eine Dose Schmalz hatte ich noch, die ich sorgfältig vor fremden Augen verbarg.

Eines Tages fror die Wasserleitung ein, und es gab auf dem Hof kein Wasser mehr. Wir Frauen mussten das Wasser aus einem Teich schöpfen und zum Hof, der auf einer Anhöhe lag, hinauftragen. Das war für mich besonders schwer und auch gefährlich, weil ich keine Umstandsbinde hatte. Die anderen Frauen schonten mich, so gut sie es vermochten.

Dann wurde ich krank. Ich ging nicht zur Arbeit und lag fiebernd im Bett. Medikamente gab es keine. Eines Abends riß ein Russe die Tür auf und polterte ins Zimmer. Er hatte einen Gummiknüppel in der Hand. Sicher wollte er mich schlagen, weil ich nicht zur Arbeit gekommen war. Als er jedoch sah, wie elend ich aussah, und als Martha sagte:

„Meine Schwester ist schwerkrank," zog er wieder ab.

Noch einige Tage hielt der Durchfall an, und schlafen konnte ich in dieser Zeit auch nicht, denn immerzu ging mir unsere armselige Lage durch den Kopf.

Als es mir wieder besser ging, musste ich auch wieder mitarbeiten. Dabei wurden wir ständig von russischen Soldaten bewacht. Manche von ihnen zeigten auch ein mitfühlendes Herz. Wenn mir die Arbeit beim Ausmisten der Pferdeställe zum Beispiel zu schwer wurde, kam schon einmal ein Russe und nahm mir die Forke aus der Hand:

„Ruh' Dich aus, Frau!“
und er mistete selbst.

Einmal erschien eine Horde Russen, die sich eine Anzahl Frauen heraussuchten. Sie sollten mit ihnen über Land reiten. Nicht alle Frauen kamen zurück; einige habe ich nie wieder gesehen.

Auch auf mich hatte ein Russe gezeigt. Darum versteckten wir uns auf dem Nachbarhof in der Scheune. Drinnen war es kalt und zugig. Gerhard war uns nachgelaufen und hatte sich, nur leicht bekleidet, der Kälte, dem Schnee und dem Wind ausgesetzt.

Am nächsten Tage war er krank. Er hatte hohes Fieber und Durchfall. Auch essen mochte er nichts. Medikamente waren nicht vorhanden. Nur Tee flößte ich ihm ein.

Einige Kilometer entfernt waren Klosterschwestern bei einem Bauern untergekommen. Von ihnen bekam ich Kohletabletten gegen den Durchfall. Gerhard war schließlich so schwach, dass er nicht mehr gehen und stehen konnte. Wir beteten zu Gott. Ich war so niedergeschlagen.

“Lassen Sie das Kind sterben; dann ist es ein Engel!“
versuchten mich einige Frauen zu trösten.

Der Kinderwagen stand vor meinem Bett. Oft kamen nachts die Russen herein. Wenn sie dann das kranke und bleiche Kind sahen, gingen sie still wieder fort. Windeln hatte ich keine, so dass der Durchfall des Kindes zu einem Problem wurde.

Es waren schwere und traurige Tage. Ständig lebte man in der Sorge um die tägliche Nahrung, – alles war nur Behelf. Dazu kam die furchtbare Angst vor dem Kommenden.

Es gab kein Obst, und ich hatte bei meinem fortgeschrittenem Zustand solch einen Appetit auf Obst.

Meine Gläser und Flaschen, in denen ich eingemachtes Obst und Saft gehabt hatte, waren von den Russen entwendet worden.

Eine Flüchtlingsfrau, die auch auf dem Gut wohnte, hatte noch einige Konserven gerettet. Sie gab mir davon einige ab.

Die Gutsfrau hatte noch eine größere Anzahl von Gläsern mit Blaubeeren. Da diese Beeren verstopfend wirken, bat ich sie um einige Gläser für Gerhard. Ich bekam aber keine. Da kamen jedoch die Russen; sie brachen die Gläser auf und aßen nach Herzenslust. Was sie noch übrig ließen, kochten wir durch und gaben es dem Kind.

Noch Wochen zog sich Gerhards Krankheit hin; dann wurde es allmählich besser.

Einige Male ging ich in das Nachbardorf und bettelte mir dort ein paar Eier und etwas Süßstoff zusammen, denn auf unserem Gut hatten die Russen alle Hühner gestohlen.

Einmal fand ich die Gutsfrau beim Buttern. Da fragte ich, ob ich ein wenig Butter für das Kind bekommen könne. Da sagte sie:

„Wenn ich für Sie gebe, muß ich den anderen auch geben!"

Am gleichen Tage kamen die Russen, machten die Schranktür auf, entdeckten die Butter und nahmen sie an sich. Für mein Kind aber war nichts da.

Auch die Kühe hatten sich die Russen nach und nach alle geholt; ebenso die Schweine. Das letzte, eine tragende Sau mit zehn Ferkeln, wurde geschlachtet.

Als die Sonne wieder höher schien, fuhr ich Gerhard oft im Wagen hinaus. Auch die Arbeit begann wieder, und ich musste hinaus aufs Feld, so schwer es mir auch schon wurde. Bis in den März hinein bekamen wir zu essen: Brot, Kartoffeln und ein wenig Milch. Weißbrot, Zucker oder Marmelade gab es nicht. Dann mussten wir wieder für uns selbst sorgen.

Oft machten wir uns Kartoffelklöße. Manchmal gab uns eine Bauersfrau eine Scheibe Speck. Einmal ergatterte ich sogar eine geräucherte Spickgans. Da die Rübenmieten voll waren, kochten wir mit der Erlaubnis der Gutsfrau Sirup. Dadurch bekamen wir Brotaufstrich. Mit der Kaffeemühle mahlten wir Weizen durch. Der wurde dann abgesiebt und zu Brei gekocht. Anstatt Zucker oder Saft wurde Sirup dazugegeben. Das aß auch Gerhard gern.

Wenn die Russen geschlachtet hatten, ließen sie die Innereien – Magen, Lunge u. a. – liegen. Das durfte man sich holen. Eine Frau angelte in einem nahen Teich. Von den Fischen gab sie uns ab und zu einen.

Es ist mir heute, einige Jahre später, fast unvorstellbar, wie armselig und menschenunwürdig wir damals unser Leben fristen mussten!

Im Mai, als die Natur wieder grün wurde, trieben die Russen große Viehherden aus Ostpreußen nach Russland hinein. Manche kamen auch bei uns vorbei, und man suchte Frauen zum Melken. Da bekamen wir dann auch ein wenig Milch, die für mich in meinem jämmerlichen Zustand und vor allem für das Kind eine dringende Notwendigkeit, – ja, fast ein Labsal war. Später holten wir aus einem in größerer Entfernung liegenden Bauernhof zeitweilig Magermilch; aus ihr machten wir Quark.

Einmal hatte Martha die letzte noch verbliebene Kuh gemolken; die Gutsfrau hatte ihr dazu einen Eimer gegeben. Da kam ein russischer Soldat, – und fort waren Milch und Eimer.

Auch Gerste haben wir mit der Kaffeemühle gemahlen, abgesiebt und daraus Grütze gemacht.

Wo die Russen gewesen waren, mussten wir ihnen nachräumen: Die Häuser, in denen sie gehaust hatten, mussten gesäubert werden von Dreck und von Kot; die Betten waren aufgeschlitzt; die Eingeweide von geschlachteten Tieren lagen in den Zimmern herum; die Scheunentore waren ausgehängt, auf den Boden geworfen und zertrampelt worden.

In einem Gut, zu dem wir des öfteren gehen mussten, war ein Bad. Darin mussten junge Mädchen die Russen baden. Danach wurden sie regelmäßig vergewaltigt. Später quartierte sich dort ein russischer Kommandeur ein. Da ließ diese Quälerei weitgehend nach.

Eine russische Ärztin war mit der Sowjet-Armee in unseren Ort gekommen. Weil Martha eine entzündete Hand hatte und sich bereits ein roter Streifen am Arm zeigte, ging sie zu dieser Ärztin. Sie verordnete ihr kalte Wasserumschläge. Wir bekamen von ihr essigsaure Tonerde und sie machte Martha damit Umschläge. Dadurch ging dann die Entzündung zurück.

Mit anbrechendem Frühling zogen viele Flüchtlinge zurück in ihre Heimat. Sie zogen ihre Habe im Handwagen hinter sich her, denn Pferde und Pferdewagen besaßen sie nicht mehr. Auch mir rieten die Bauern, wieder zurückzukehren. Jedoch war ich im siebten Monat schwanger und Gerhard war noch krank. Ich nahm darum schweren Herzens von einer Rückkehr Abstand.

Es kamen jetzt die Polen in das Land; sie sickerten so allmählich ein. Damit hörte wohl die größte Angst zunächst einmal auf. Gestohlen wurde immer noch, aber die Frauen mussten keine Schändung mehr befürchten.

Von der Bäuerin bekamen wir ab und zu frischen Salat, und Milch gab es auch ausreichend.

Die Zeit meiner Entbindung kam näher, jedoch gab es keinen Arzt und keine Hebamme. Ein Krankenhaus gab es in einem weit entfernten Ort. Ich fragte die russische Ärztin, ob sie mich in das Krankenhaus einweisen könne.

„Dann müssen Sie Ihr Essen selbst mitbringen!"

„Ich habe aber nur Brot und Kartoffeln," sagte ich.

"Damit kann ich keine Wöchnerin pflegen," gab sie mir endgültigen Bescheid.

Um ein Fuhrwerk zu bekommen, musste man es bei der Kommandantur persönlich beantragen; die war aber weit entfernt. Schließlich machte ich mich zu Fuß auf den Weg zum Krankenhaus. Es war dort eine Hebamme, eine Flüchtlingsfrau aus unserem Heimatkreis. Aber ohne ärztliche Einweisung durfte sie mir nicht helfen.

Die Atlantik-Charta und ihr Bruch

Die Atlantik-Charta war eine gemeinsame Erklärung des amerikanischen Präsidenten Roosevelt und des britischen Premierministers Churchill am 14.8.1941, die an Bord eines amerikanischen Kriegsschiffes im Atlantik veröffentlicht wurde und stellte ein Programm für die künftige Friedensordnung dar. Unter anderem wurde feierlich gelobt:

– *Verzicht auf Annexionen und Bindung jeder territorialen Veränderung an den Willen der betroffenen Bevölkerung*
– *freie Bestimmung jedes Volkes über seine Herrschaftsform*
– *freier und gleicher Zugang zu den Rohstoffen der Erde.*

Im Oktober 1942 unterstrich Roosevelt, der sich in außenpolitischen Fragen recht unbedarft, ja nahezu naiv zeigte, auf einer Pressekonferenz diese Verpflichtung noch einmal und fügte hinzu, sie finde auf die ganze Menschheit Anwendung.

„Die Atlantik-Charta war zunächst kein völkerrechtlicher Vertrag, sondern die Verkündigung gemeinsamer außenpolitischer Ziele. Es schlossen sich die übrigen der auf seiten der Alliierten kriegführenden Mächte durch die Erklärung über die Vereinten Nationen vom 1.1. 1942 an, so dass sie zur Grundlage der Vereinten Nationen (UNO) wurde. Es wurden schon damals Bedenken geäußert, die Atlantik-Charta als ein gegen den gemeinsamen Gegner Deutschland zielende Erklärung für Deutschland Anwendung finden zu lassen.“

(aus: Gr. Brockhaus, Verlag F. A. Brockhaus, Wiesbaden, 1967)

Auf der Konferenz in Teheran vom 28.11 bis 1.12. 1943 jedoch, auf der die Entscheidung über Europas Nachkriegsgrenzen getroffen wurde, war das alles „vergessen". Damals kamen Roosevelt, Churchill und Stalin überein, Polen um die Gebiete östlich der sog. Curzonlinie, also um das kurze Zeit zuvor von den Polen zusammengeraubte Land im Osten zu verkürzen und es mit dem östlichen Teil des Deutschen Reiches zu entschädigen. Weiter wurde damals entschieden, dass die Sowjet-Union den nördlichen Teil Ostpreußens und Königsberg als Hafen erhalten solle.

Von einer Befragung der betroffenen Menschen und ihrer Regierungen war keine Rede mehr.

Kommentar:

Die Atlantik-Charta stellte also lediglich das Kriegsbündnis einer kriegführenden Partei dar. Indem es seinerzeit als eine weltweite Resolution der Humanität bezeichnet wurde, dabei aber einzelne Länder ausgegrenzt wurden, kann man die Atlantik-Charta nur als eine grobe Heuchelei ansehen.

Die Konferenzen von Jalta und Potsdam

Auf der Konferenz der „Großen Drei" (Roosevelt, Churchill und Stalin) in Jalta auf der Krim im Februar 1945 wurde wörtlich zum Ausdruck gebracht:

„Es muß den Deutschen klargemacht werden, dass Deutschlands rücksichtslose Kriegführung und der fanatische Widerstand der „Nazis" die deutsche Wirtschaft zerstört und Chaos und Leiden unvermeidlich gemacht haben, und dass sie nicht der Verantwortung für das entgehen, was sie selbst auf sich geladen haben. Deutschland wird nicht besetzt zum Zwecke seiner „Befreiung", sondern als besiegter Feindstaat."

Aufgrund eines Erlasses auf dieser Konferenz wurde den alliierten Soldaten zunächst verboten, mit Deutschen überhaupt zu sprechen, Deutschen die Hand zu geben, Deutsche zu besuchen und sich mit Deutschen zu zeigen. (Man beachte, dass in den USA nahezu 30 % der Einwohnerschaft Deutsche bzw. Deutschstämmige sind).

Hier nun zeigt sich deutlich, dass man nicht etwa den Nationalsozialismus zerschlagen, sondern das Deutsche Volk treffen und demütigen, den deutschen Staat als konkurrierenden Machtfaktor vernichten wollte.

Auf der Konferenz in Potsdam im Juli 1945 wurden diese Beschlüsse noch einmal festgeschrieben und in Einzelheiten ausgearbeitet. Dabei wurde Polen eine Ausdehnung seines Staatsbereiches nach Westen bis zur Oder und zur westlichen Neiße zugestanden. Selbstherrlich marschierten die Polen allerdings weiter und nahmen Stettin, eindeutig westlich der Oder gelegen, in ihren Besitz. Widerstand gab es nicht, denn das Deutsche Volk war furchtbar geschlagen und geknebelt, seine Regierung entmachtet und aufgelöst. Wer sollte den beutelüsternen Polen entgegentreten?

Stettin, eine deutsche Großstadt seit altersher mit knapp 400.000 Einwohnern, ein blühender Kernpunkt der Deutschen Hanse in vergangenen Zeiten, wurde Opfer eines durch keinen internationalen Beschluß und durch keine geschichtliche Interpretation gerechtfertigten Raubes.

Sofort nach dem illegalen Einmarsch wurden polnische Bürger hineingeschleust, polnische Behörden eingesetzt, eine polnische Verwaltung aufgebaut und damit ein „Fait accompli", also eine vollendete Tatsache geschaffen, die kaum noch ohne eine kriegerische Auseinandersetzung rückgängig zu machen war.

Zynisch wurde hernach stets bei einer Diskussion über die endgültigen Grenzen Polens auf einen künftigen Friedensvertrag hingewiesen. Der ist bis heute jedoch ausgeblieben.

Churchill zur „Befreiung Deutschlands“

(aus einer Veröffentlichung von Churchill im Januar 1945 in der „Time“)

„Wir, die Alliierten, sind keine Ungeheuer. Das wenigstens kann ich Deutschland im Namen der Vereinigten Nationen versichern: ‚Der Friede', auch wenn er sich auf bedingungsloser Ergebung gründet, wird Deutschland eine unendliche und sofortige Erleichterung von seinen Leiden und Todesnot bringen“.

In der Tat jedoch haben gerade diese Alliierten, die da behaupten, keine Ungeheuer zu sein, mehr christliche Frauen vergewaltigt als irgendein Staat sonst in der Geschichte. Sie zwangen den Deutschen ein Lebensmittelniveau auf, das dem Hungertod gleichkommt (1.300 kcal pro Tag). Sie beraubten sie ihrer Häuser, ihrer Güter, ihrer Nahrungsmittel und sogar ihrer Kleider. Es wurden aus ihrer Heimat mehr als zwölf Millionen vertrieben. Man benutzte die Männer, um sie als Sklavenarbeiter für Fremde arbeiten zu lassen, beraubte die Deutschen um ein Viertel ihres Landes, und zwar ausgerechnet jenen Teil, der ihnen die wesentliche Nahrungsquelle war. Sie nahmen ihnen ihre Fabriken und alle ihre Schiffe. Sie tragen die Schuld, dass Hunderttausende vor Hunger starben. Die Alliierten haben es fertiggebracht, in einem einzigen Friedensjahr mehr Deutsche „vom Leben zu befreien“, als in fünf Kriegsjahren von ihnen starben.

“Jawohl, - wir, die Alliierten, sind keine Ungeheuer!“

Fortsetzung aus dem Tagebuch:

Lauter Sorgen und Ängste waren es, durch die man hindurch mußte. Hinzu kam noch die Sorge um meinen Mann. Ich habe viel gebetet in dieser Zeit.

Dann wurde auch noch Martha krank und konnte nichts essen. Jeden Tag ging ich bis kurz vor der Entbindung einige Kilometer zu den verwilderten Viehherden draußen. Eine Kuh kannte mich bald, und ich konnte mich ohne Angst zu ihr setzen und sie melken. Auch brachte uns ein gutes Polenmädchen Milch. Ich gab ihr von unserem Brot. Die Milch half uns über das Schlimmste hinweg, sowohl der kranken Martha als auch mir.

Unsere Nachbarin, eine junge Frau, bekam Typhus. Es wurde ein Zettel an ihrer Tür befestigt, und die Russen machten einen weiten Bogen um das Haus. Nach einigen Wochen starb sie. Wir mussten täglich an dem Hause vorbeigehen und fürchteten eine Ansteckung, zumal Martha krank war und ich kurz vor der Entbindung stand.

Meinen Pelz und den meines Mannes hatte ich im zeitigen Frühjahr vergraben. Als ich jetzt beide ausgraben wollte, konnte ich die Stelle nicht wieder finden, denn eine Viehherde hatte darauf herumgetrampelt. Lange habe ich suchen müssen. Ganz früh am Morgen stand ich auf und stocherte mit der Forke so lange im Boden herum, bis ich die Pelze fand. Wir brachten jetzt beide in einem Klappsofa unter, wo es fremde Augen so leicht nicht finden konnten.

Am 11. Juli wurde das Mädchen geboren. Ich hatte noch nicht damit gerechnet und war an dem Vormittag in das Nachbardorf gegangen, um ein paar

Höfe u klauten wo sie konnten. Da brachten unsere Leute
die Kuh zur Nacht im Hausflur hatten Sie mit Pfähle fest
gemacht morgens mußten wir denn auch sauber machen
helfen weil auch unser Kind Milch bekamen. Eines Morgens
stand die Tür auf niemand hörte etwas die Kuh war ge-
stohlen. Da mußte ich bald arbeiten flicken Säcke
gab auch Mittag. Als die Ernte begann kamen Polen zum
mähen ich mußte binden Während der Mittagspause
lief ich fort es war ein anderes Dorf immer durch Wiesen
u Felder, so entkam ich u wurde nicht mehr geholt
weil die mich nicht kannten. In unserem Dorf mußte
den Martch. zur Arbeit gehen, ich blieb bei Gerhard.
Eines Vormittags kam ein Soldat rauf sofort mit-
kommen zur Arbeit, sagte das ich noch Schonzeit
hätte u die Schwester gegangen ist mußte das
Kind auf den Arm nehmen u gehn zum Kartoffel
graben u der Kleine tat nicht gut so ein Kind kan
nicht stundenlang auf dem Acker still sitzen
da kam Bürgermeister vorbei u schickte mich

Eier zu hamstern für die Zeit im Wochenbett. Ich bekam auch einige. Zurück ging ich über abgemähte Wiesen. Es war ein schöner Tag. In einem Bauernhaus bekam ich bei der Bäuerin, die mir bekannt war, ein Mittagessen. Ich war kaum wieder aufgebrochen, als ich Rückenschmerzen bekam. Ich setzte mich in einen Heuhaufen und ruhte mich aus. Ich spürte schon, dass die Wehen kommen würden. Nur mit äußerster Mühe und Willensanstrengung gelang es mir, ins Dorf zurückzukommen.

Hier häuften sich die Schwierigkeiten. Martha lief ins Dorf. Eine Frau, die entbinden konnte, hatte versprochen, mir zu helfen; doch sie war nicht da. Schließlich kam die Tochter der Wirtsleute herauf; sie war Rotkreuzschwester und war nach dem Zusammenbruch auf einem Kohlenwagen von Berlin hierhergekommen. Sie sagte, sie habe schon auf dem Bahnsteig mitten zwischen russischen Soldaten entbunden.

Ich hatte Angst vor der Geburt, weil die erste sehr schwer gewesen war. Doch es kam zu einer regelrechten Sturzgeburt. Das kleine Mädchen war so mager und hatte offenbar einen Herzfehler. Es trank nicht, denn die Brust war leer. Und ich hatte mich so sehr auf das Mädchen gefreut.

Die Gutsfrau brachte mir heißen Tee und auch ein paar Eier.

Am nächsten Tag ging Martha zum Melken. In dem Augenblick, in dem eine Viehherde vorbeizog und die russischen Bewacher abgelenkt waren, griff sie sich den Eimer mit der Milch und brannte damit durch. Wir waren froh, dass wir Milch hatten. Martha kochte mir eine Brotsuppe. Sie glaubte, dass dadurch die Muttermilch angeregt werden könnte.

Bald sah ich jedoch, dass das Kindchen so nicht weiterleben würde, denn es bekam schon blaue Flecken. Martha wollte mich trösten, doch als ich am nächsten Tage das Kind badete, gab auch sie die Hoffnung auf.

Am 19. Juli schlief dann das kleine Mädchen an meinem Herzen ein. Vorher taufte die Schwester es noch mit Weihwasser und wir sangen Lieder. Dann holte sie ein kleines Kistchen, in das wir das Kleinchen, nachdem wir es geschmückt hatten, hineinlegten. Sodann begruben wir es im Blumengarten vor dem Haus, denn der Friedhof war so weit entfernt.

3. Kapitel: Endgültige Vertreibung aus Ostpreußen durch die Polen

Neben unserem Zimmer war eine kleine Kammer; dort hatten wir drei Konservendosen mit Lebensmitteln verwahrt. Ich hatte sie in den Tagen nach der Geburt essen wollen. Sie waren fort. Martha suchte herum und fand die Dosen schließlich draußen, – jedoch aufgeschnitten und leer. Ob es die Russen oder die mehr und mehr einsickernden Polen gewesen waren, war schwer festzustellen. Die Tür zu unserem Zimmer konnte jedenfalls nicht abgeschlossen werden.

Da wir noch Milch hatten, auch noch Kartoffeln und hin und wieder Salat bekamen, konnten wir uns notdürftig ernähren.

Die hinzuziehenden Polen setzten sich auf die leeren Höfe. Sie stahlen „wie die Raben".

Unser Bauer hatte eine Kuh. Um sie vor Diebstahl zu schützen, brachte er sie nachts in den Hausflur und band sie an einem Pfeiler fest. Morgens mussten wir dann den Hausflur sauber machen; dafür bekamen wir Milch für das Kind. Eines Morgens stand die Tür offen, und die Kuh war fort, – gestohlen. Niemand hatte etwas gehört.

Bald konnte ich auch wieder mitarbeiten. Wir flickten Säcke und bekamen jeden Tag ein Mittagessen.

Als die Ernte begann, kamen Polen zum Mähen. Ich sollte die Garben binden. Aber diese Arbeit fiel mir noch schwer, denn ich war noch sehr geschwächt. Daher lief ich eines Tages in der Mittagspause mit Gerhard fort, über Wiesen und Felder bis ins nächste Dorf. Hier bekam ich ein Zimmerchen und hatte zwei Tage Ruhe, in denen ich nicht zu arbeiten brauchte, denn man kannte mich hier nicht. Dann kam jedoch ein bewaffneter Soldat zu mir mit dem Befehl, ich solle sofort zur Arbeit kommen. Obwohl ich ihm deutlich machte, dass ich noch zu schwach sei und noch Schonzeit hätte, musste ich mitkommen. So stolperte ich wieder mit dem Kind auf dem Arm zurück zum Ausgraben von Kartoffeln.

Der kleine Gerhard konnte nun nicht stundenlang auf dem Acker still sitzen. Er schrie und weinte. Als einmal der Bürgermeister des Dorfes vorbeikam, schickte er mich heim. Es stellte sich jetzt heraus, dass die beiden halberwachsenen Mädchen des Bauern hatten helfen sollen, diese aber mit jungen Polen tändelten, welche dann den Soldaten zu mir schickten.

Eine größere Anzahl von Bauern optierte für Polen, das heißt, sie waren bereit, die polnische Staatsangehörigkeit anzunehmen. Sie durften auf ihren Höfen bleiben. Bei denen halfen wir bei der Hofarbeit und bekamen dafür Brot und Kartoffeln. Ab und zu wurde ein Kalb oder eine Ziege geschlachtet, so dass auch für uns einiges an Wurst und Fleisch abfiel. Beeren und Obst konnten wir, solange es die Jahreszeit erlaubte, aus dem Garten holen. Wenn die Viehherden kamen, hatten wir auch Milch. Wir sahnten sie ab und machten Butter aus der Sahne, so dass Gerhard kein trockenes Brot mehr zu essen brauchte. Auch schroteten wir Weizen auf Schrotmühlen, siebten ihn durch und kochten Brei daraus. Gerhard nannte es „Pudding“.

So verging der Sommer des Jahres 1945.

Im Juni hatten wir Kartoffeln gepflanzt, die wir nun ausbuddelten und einfuhren. Da bei der Landarbeit keine Pause eingelegt wurde, aßen wir unser Stück Brot beim Hacken. Dabei musste ich oft an die Worte meines Vaters denken, wenn er von der Notzeit erzählte, als die Franzosen unter Napoleon durch Ostpreußen zogen:

„Wenn man hungert, schmeckt trockenes Brot wie Zucker!“

Wie traurig war ich doch, wenn ich Gerhard nur ein Stück trockenes Brot geben konnte!

Zum Herbst hin sollten wir uns eine andere Wohnung suchen, denn die Gutsleute hatten zur polnischen Staatsangehörigkeit optiert, und es kamen häufig junge Polen auf den Hof und brachten den Töchtern des Bauern Leckerbissen mit. Das sollten wir aber nicht sehen.

Wir zogen daher in das Dorf, jedoch zu keinem Bauern. Wir halfen aber den Bauern noch bei der Kartoffelernte. Erst im folgenden Frühjahr wollten wir ausreisen und uns einer Familie anschließen, die ebenfalls ausreisen wollte und die polnische Sprache verstand.

Einmal fuhr ich mit unseren Wirtsleuten nach Allenstein. Ich verkaufte dort ein paar Sachen von mir und brachte Brötchen, Butter und Wurst mit heim. War das eine Freude!

Die Bauern, die optiert hatten, bekamen jetzt auch Kühe. Da sie aber noch keine Pferde und keine Wagen hatten, mussten sie ihr Getreide mit dem Handwagen heimfahren.

Die Zusammensetzung der Bevölkerung in Polen um 1920

Als Polen nach dem Ersten Weltkrieg neu erstanden war, zählte es unter den 27 Mio. Einwohnern über die Hälfte Fremde:

- 9 Mio. Ukrainer und Weißrussen im Osten
- 2,2 Mio. Deutsche im Westen
- 4 Mio. Juden, die jahrelang Opfer von Pogromen waren.

Bis 1926 wurden rd. 600.000 Deutsche aus Polen ausgewiesen oder flüchteten angesichts der Drangsalierungen durch die polnischen Behörden, nachdem vorher ihr Besitz „eingezogen“ worden war.

Polens politische Ziele

Eine führende polnische Zeitung schrieb 1930 folgendes:

„Der Kampf zwischen Polen und Deutschland ist unvermeidlich. Wir müssen uns dafür systematisch vorbereiten. Unser Ziel ist ein neues ‚Grunwald' (in Deutschland als die ‚Schlacht bei Tannenberg' bekannt, in der im Jahre 1410 die Polen einen Sieg über die deutschen Ordensritter erstritten), aber diesmal ein Grunwald in den Vororten Berlins, um Deutschland im Herzen zu treffen. Unser Ziel ist ein Polen im Westen mit der Oder und der Neiße als Grenze. Preußen muß für Polen zurückerobert werden bis an die Spree.

Wir werden im Krieg gegen Deutschland keine Gefangenen machen, und es wird weder für menschliche noch für kulturelle Gefühle Raum sein. Die Welt wird zittern vor dem deutsch-polnischen Krieg. In die Reihen unserer Soldaten müssen wir übermenschlichen Opfermut und den Geist unbarmherziger Rache und Grausamkeit tragen."

Zur Garantie-Erklärung Englands an Polen gegen Deutschland im März 1939

Eine Garantie ist an sich schon eine Provokation; sie fordert den Gegner öffentlich heraus, die Garantie zu missachten und die Konsequenzen zu tragen. Ist sie einmal ausgesprochen, so ist es für den Gegner kaum noch möglich, sich um eine friedliche Lösung zu bemühen, will er nicht den Eindruck erwecken, dass er sich einer Erpressung fügt. Außerdem liegen Verhandlungen zur Konfliktlösung des anstehenden Problems nicht mehr im Interesse des garantierten Staates, da sich dieser jeglichen Anforderungen gegenüber gefeit fühlt.

Hitler fasste in der Tat exakt an dem Tage der britischen Garantieerklärung den Entschluß, notfalls das polnische Problem mit Gewalt zu lösen.

(aus: Cpt. Russell Grenfell: „Bedingungsloser Haß?“)

Kommentar zur Außenpolitik Polens seit dem Ende des 1. Weltkriegs

Jahrelang erschwerten Schikanen und Quertreibereien der streitsüchtigen polnischen Verwaltung den Transitverkehr nach Ostpreußen. Danzig, – noch mehr aber die Korridorfrage bildeten weitere Streitfragen.

Im Jahre 1920 bemächtigten sich die Polen des litauischen Gebiets um Wilna. Das von 5 Mio. Ukrainern bewohnte Ostgalizien sollte gemäß dem „Versailler Vertrag“ eine an Polen angeschlossene autonome Provinz werden, ein Versprechen, das die Polen nie gehalten haben. Ein Aufstand der Ukrainer 1922 wurde blutig niedergeschlagen. Das Chaos der russischen Revolution ausnützend, besetzten die Polen im Osten weitere von 4 Mio. Ukrainern und Weißrussen besiedelte Räume. Diese „geraubten Gebiete“ mussten nach 1945 an die Sowjet-Union zurückgegeben werden, wofür sie dann im Westen durch deutsches Land „entschädigt“ wurden.

Nur, für mit Unrecht angeeignetes Gut kann es niemals eine Entschädigung geben!

Haben die Polen ein schlechtes Gewissen uns Deutschen gegenüber? Fast scheint es so! Wie kann auch ein intelligenter polnischer Bürger die an den Haaren herbeigezogene Geschichtslüge glauben, dass Breslau schon immer Wroclaw und Stettin Szcecin geheißen haben und „urpolnische“ Städte gewesen seien?

Wahren Frieden kann es erst dann geben, wenn nicht nur die Deutschen, sondern auch alle anderen beteiligten Staaten ihre Schuld anerkennen, anstatt sich der Welt immer wieder als völlig unschuldige Opfer zu präsentieren.

Wir wollen damit auch nicht in alten Wunden herumwühlen; es geht uns auch nicht darum, das polnische Volk zu beschuldigen, sondern wir wollen geschichtstreu der Wahrheit dienen.

(F. O. Miksche, Paris, Officier de la Legion d'Honneur in der Zeitschrift „Christ und Welt")

Fortsetzung aus dem Tagebuch:

Anfang Oktober munkelte man, dass wir ausgewiesen werden sollten. Am 15. dieses Monats wurden wir auf die Kommandantur bestellt. Dort wurden wir gefragt, ob wir optieren wollten. Ich sagte:

„Ich habe keinen Hof und verstehe nicht die polnische Sprache!"

Der Bürgermeister, ein Mann, der aus Ostpolen ausgewiesen worden war, stellte mir schließlich in barschem Ton die Frage:

„Sind Sie polnisch oder deutsch?"

Als man mir auf diese Art gewissermaßen „die Pistole vor die Brust setzte", antwortete ich:

„Ich bleibe deutsch!"

„Sie bekommen noch Bescheid," lautete die abschließende Auskunft.

Wir gingen zurück in das Dorf, in dem wir wohnten, machten unsere Rucksäcke zurecht und packten unsere Sachen zusammen. Zu einem Bauern, der optiert hatte und bleiben konnte, brachten wir die Sachen: Einiges an Bettwäsche, Kleider und Handarbeiten. Wir liehen uns dazu einen Handwagen und brachten die Reste unserer Habseligkeiten hinüber. Man wollte sie für uns aufbewahren. Das noch verbliebene Silber, einen Kaffeewärmer und eine schöne Schürze steckte ich unter das Bettzeug.

Am folgenden Freitag war es dann wirklich soweit. Zwischen 8 und 9 Uhr wird die Tür aufgerissen, und herein quellen ungefähr zehn bewaffnete Soldaten. Martha lag krank im Bett.

In 15 Minuten müssten wir fertig sein zur Abfahrt.

Ich bat sie, dass sie hinausgehen möchten und nicht zusehen, wenn Frauen sich anziehen.

Ich weiß heute nicht mehr, wie ich es damals geschafft habe! Ich zog an, soviel nur möglich war: Ein paar Hemden, mehrere Hosen, Kleider und einen Rock, – denn wir durften mitnehmen, soviel wir tragen konnten.

Dann fuhr ein Kastenwagen vor. Wir stiegen ein und wurden in dem ehemaligen HJ-Heim* abgeladen. Hier wurden wir alle in einen einzigen kleinen Raum zusammengepfercht. Ständig waren bewaffnete Soldaten um uns herum. Ich hatte auch den Pelz, den ich vor den Russen gerettet hatte, angezogen, den Fellkragen nach innen eingezogen und darüber eine alte, zerrissene Schürze gestreift.

Die Polen musterten uns zudringlich, so richtig frech. Wir hatten keine Ahnung, was sie vorhatten.

Am Nachmittag saß ich mit dem Kind draußen. Ein bewaffneter Pole setzte sich neben uns. Er sprach deutsch, und ich freute mich darüber, denn es war verboten, sich in der deutschen Sprache zu unterhalten. Da brach es aus mir heraus:

Was wir denn verbrochen hätten, dass man uns so behandelt? Auch er hätte doch eine Mutter und wäre einmal Kind gewesen! Was würde wohl seine Mutter sagen, wenn sie sähe, wie man mit diesen Müttern und ihren kleinen Kindern umgeht!

Er erlaubte mir, meinen Kinderwagen und einige Kindersachen zu holen. Er wusste, dass ich nicht optiert hatte, und ich sagte ihm auch, warum ich's nicht tat. Darum hatten sie mich alle scharf im Auge.

Am nächsten Morgen ging es los:

---

* Freizeitheim der Hitlerjugend, dem nationalsozialistischen Jugendverband

Erst zog man mir den Pelz aus. Sie tasteten mir die Brust ab. Im Korsett steckten die Kassenbücher, die ich draußen aufgelesen hatte, als die Russen die Koffer ausleerten. Der Pole sah hinein und gab sie wieder zurück. Als ich zuvor gehört hatte, dass wir ausgeraubt werden sollten, hatte ich gesponnene Wolle in den Schlüpfer gesteckt; die zogen sie mir heraus. In den Bezügen hatte ich noch einige Handarbeiten, Schürzen u. dgl. verborgen; auch das war nun fort. Wir hatten nicht gedacht, dass sie alles rauben. Im Rucksack hatte ich schmutzige Wäsche und ein Hemd für das Kind als Windel; auch das nahmen sie. Dem Kind zogen sie die Schuhe aus, weil sie noch recht neu waren. Einen Mantel meines Mannes hatte ich ganz hinten in den Ofen gesteckt; der wurde herausgezogen. Einige Sachen konnte ich noch ungesehen durchs Fenster nach draußen werfen.

Gerhard musste in den Topf machen. Ich nahm den Topf und wollte ihn nach draußen bringen. Im Flur stand ein Pole und verwehrte mir den Ausgang. Ich hielt ihm den Topf unter die Nase. Daraufhin bekam ich einen Fußtritt; dann ließ er mich gehen. Draußen warf ich die hinausgeworfenen Sachen durch ein anderes Fenster wieder hinein. Dann stand ich im Kleid vor dem polnischen Posten und sagte:

„Ich kann ohne Pelz nicht gehen!"

Da rief er eine Frau aus dem oberen Stockwerk; die musste mir einen ihrer beiden Mäntel, natürlich den schlechteren, abgeben. Wieviel lange Jahre habe ich den noch tragen müssen!

Martha war so ärgerlich, dass sie dem Kind die Schuhe ausgezogen hatten. Sie nahm das Kind auf den Arm und ging hinaus. Da machten sie die Tür auf und stießen sie wieder hinein, dass sie taumelte. Ich stand im Flur und fing sie auf.

So standen wir nun herum, arm und verlassen!

Kommentar zu den Ursachen der polnischen Ausschreitungen gegen die Deutschen

Die Feindseligkeiten der Polen reichen länger zurück. Schon nach dem ersten Weltkrieg wurde die deutsche Minderheit in den durch das Versailler Diktat neu erworbenen Gebieten drangsaliert und unterdrückt. Trotz der Proteste des Völkerbundes wurden deutsche Schulen geschlossen, deutsche Bauernhöfe massenhaft enteignet, die Häuser der Volksdeutschen demoliert, deutsch-sprachige Zeitungen beschlagnahmt und andere die deutsche Minderheit diskriminierende Maßnahmen durchgeführt. Versuche, vor allem in Oberschlesien 1919 mit militärischen Maßnahmen weiteres Land für Polen durch Raub sich anzueignen, schlugen fehl, da sich deutsche Freikorps den Eindringlingen entgegenstellten.

Insgesamt verließen nahezu eine Million Volksdeutsche bis 1933 die von den Polen besetzten Gebiete, ihre angestammte Heimat, um den Drangsalierungen dort zu entgehen.

Zu Beginn der nationalsozialistischen Herrschaft in Deutschland ließen die Ausschreitungen zunächst nach, da Hitler mit der polnischen Regierung ein Militärbündnis geschlossen hatte. Erst als die „Danzig-Frage" in den Vordergrund trat, – die damalige Reichsregierung forderte die rein deutsche Stadt, die 1919 unter polnische Verwaltung gekommen war, zurück – kam es vor allem nach einem Rückversicherungsabkommen mit England im März 1939 zu einem regelrechten Höhepunkt des Terrors. Man war in Polen durch das englische Beistandsversprechen im Falle eines deutschen militärischen Eingriffs dreist geworden. Der aufbrandende Terror gipfelte im „Bromberger Blutsonntag", bei dem 5.800 Volksdeutsche ermordet wurden.

(siehe dazu: Augenzeugenbericht S. 113)

Britische Stimme zum Verhalten der Polen in der deutschen Frage

In einer Debatte im britischen Oberhaus kennzeichnete der Regierungsvertreter damals die Anwendung des Terrors in der polnischen Minderheitenpolitik als ein „das Gewissen der Welt erschütterndes Unrecht". Er sagte wörtlich:

„Mit großem Widerstreben kritisiert man den befreundeten Staat. Wie jedoch die Beratungen im Völkerbund gezeigt haben, wird nichts gewonnen, wenn man den Bruch von Verträgen ignoriert. Wir sollten nicht vergessen, dass Polen ganz besondere Ursache hat, diese Minderheitenverträge zu achten; denn die ihm zugestandenen Annexionen wurden ihm unter der Bedingung gestattet, dass es diesen Gebieten Autonomie gewährt."

(Lord Cecil im britischen Oberhaus im Juni 1932)

Kommentar:

Man muß sich schließlich fragen, wie würde sich die Regierung eines anderen Landes verhalten haben, wenn über Monate, ja über Jahre hinweg in einem Nachbarstaat Angehörige des eigenen Volksstammes in solcher Art und Zahl Opfer politischer Verbrechen geworden wären, und welche sich militärisch nicht zu schwach fühlende Regierung hätte damals dann nicht die Möglichkeit eines Krieges auf sich genommen.

Die Antwort darauf kann in der damals noch atomwaffenlosen Zeit, will man nicht weltfremd träumen, nur lauten: keine einzige.

Hitler zum deutsch-polnischen Verhältnis 1935

„Der Augenblick könnte wohl kommen, in dem unsere beiden Staaten gezwungen sein werden, sich gegen eine von Osten kommende Invasion zu verteidigen. Die von den früheren deutschen Regierungen eingeschlagene Politik, die im Einvernehmen mit Russland gegen Polen bestand, war die denkbar größte Absurdität. Eine solche Politik würde zur Verstärkung der größten Gefahr führen, die Deutschland bedroht, nämlich der bolschewistischen Gefahr. Jeder neue Weltkrieg könnte nur dem Kommunismus dienen. Polen ist ein Vorposten Europas gegen Asien. Die Zerstörung Polens wäre ein Unglück, da sie uns in eine unmittelbare Berührung mit den Massen Asiens brächte. Die anderen Staaten müssen diese Rolle Polens als Vorposten verstehen.

Der Vertrag, den Marschall Pilsudski und ich geschlossen haben, ist für den europäischen Frieden von größter Bedeutung."

(Aus Hitlers Rede zum deutsch-polnischen Verhältnis im Juli 1935 gegenüber dem polnischen Außenminister Beck anlässlich des Nichtangriffspakts mit Polen)

Verhandlungsvorschläge der Reichsregierung zur Lösung des Danzig-Korridor-Problems

1. *Die Freie Stadt Danzig kehrt zum Deutschen Reich zurück*
2. *Durch den polnischen Korridor wird eine exterritoriale, zu Deutschland gehörende Autobahn und eine mehrgleisige Eisenbahnstrecke gebaut*
3. *Polen erhält im Gebiet von Danzig ebenfalls eine exterritoriale Autobahn und Eisenbahn sowie einen Freihafen*
4. *Polen erhält im Gebiet von Danzig eine Absatzgarantie für seine Waren*
5. *Die beiden Staaten erkennen ihre gemeinsame Grenze an*
6. *Die Geltungsdauer des deutsch-polnischen Vertrages wird von bisher 10 auf künftig 25 Jahre verlängert.*

Diese Vorschläge wurden vom Reichsaußenminister am 24.10. 1938 dem polnischen Botschafter in Berlin überreicht. Die Polen haben weder den Vorschlag selbst noch Verhandlungen darüber akzeptiert.

Fortsetzung aus dem Tagebuch:

Zu essen gab es nichts; wir hätten auch nicht gewusst wo wir uns etwas hätten kochen können. Zurück in das Haus, wo wir zuletzt gewohnt hatten, durften wir nicht, obwohl es ganz in der Nähe war. Ich hatte dort noch meinen guten Mantel und das restliche Silberbesteck. Und selbst, wenn ich diese Sachen hier gehabt hätte, wären sie mir doch abgenommen worden.

Wir verbrachten die Nacht im Sitzen in dem Heim. Gerhard schlief in seinem Wagen.

Am anderen Morgen trieb man uns zusammen. Einige Leiterwagen standen bereit. Die alten Leute stiegen auf, das restliche Gepäck, das uns die Soldateska übrig gelassen hatte, wurde aufgeladen; die jüngeren mussten zu Fuß gehen.

Meinen Kinderwagen zerschlugen die Polenjungen mit Gejohle. Ich hatte noch ein Kissen und einen Schirm. Den Schirm hatte ich aufgespannt, weil es regnete; sogleich nahmen sie ihn mir fort. Das Kissen hatte ich wegen des Regens unter meinen Mantel gesteckt, wo es durch den Gürtel festgehalten wurde. Das rissen sie mir heraus und trampelten mit den Füßen darauf herum.

Ab ging es im Trab. Ich war so schwach, dass ich nicht hinterherkam. Da fasste ein kräftiges Mädchen mich an der Hand und zog mich mit. Martha saß mit Gerhard auf dem Wagen. Ich stand eine furchtbare Angst aus, dass ich ohne mein Kind zurückbleiben müsse. Polnische Soldaten fuhren in zweisitzigen Autos an uns vorbei und schrieen „Heil Hitler!"

Völlig durchnässt kamen wir am Nachmittag in Allenstein am Bahnhof an. Zwanzig Kilometer, — das war der längste und der schlimmste Fußmarsch meines Lebens.

Im Bahnhofsgebäude waren die Fenster ausgeschlagen, und wir saßen in der Kälte. Zu essen gab es wieder nichts. Die Polen machten auf dem Bahnsteig Feuer; daran durften wir uns wärmen. Die Großen drängten sich vor, und ich stand hinten mit dem Kind auf dem Arm. Da kam einer der Polen und drängte die anderen fort, und ich konnte mich auch wärmen.

Ein paar Decken, die wir zusammengerollt hatten, legten wir uns um den Rücken, – und dann saßen wir nachts im Kalten mit umgehängten Decken.

Am Tage darauf ging ich zum Markt. Dort gab es alles, aber ich konnte nichts einkaufen, denn ich hatte keine Zloty. Ich tauschte ein Kettchen ein und bekam Brot und Butter dafür.

Dann wurden wir verladen. Wir wussten nicht: Geht die Reise weiter nach Polen hinein oder nach Westen in Richtung Deutschland? Eine kurze Strecke fuhren wir in Personenwagen und sahen bald, dass es nach Westen ging.

Nun begann aber erst das furchtbare Elend:

Wir mussten in Güterwagen umsteigen. Dabei kamen Polen angerannt, die fürchterlich schrieen und uns die Decken wegrissen. Als das russische Begleitpersonal das sah, mussten sie die Decken wieder hergeben.

Zu jeweils 90 Personen wurden wir in die Waggons gepfercht. Es gab keine Sitzgelegenheit. Wir saßen auf unseren Rucksäcken. Martha und ich hatten einen Platz an der Wand erwischt und saßen abwechselnd, das Kind auf dem Schoß, das noch vor wenigen Tagen so krank gewesen war. Es war ein Glück, dass wir den Nachttopf bei uns hatten, denn es wurde lange nicht angehalten. Wir kippten den Topf durch

die Luken in der Bretterwand aus; so hatte das Kind wenigstens keine nassen Hosen.
Sobald auf der Strecke gehalten wurde, musste jeder in Wagennähe seine Notdurft verrichten, ob Mann oder Frau. Die Russen standen daneben.

Eine Frau saß mit ihrer alten Mutter neben uns. Diese alte Frau war sehr krank und starb. Die Leiche der Frau lag dann bis zum nächsten Halt im Wagen. Dann hat die Frau ihre Mutter hinausgetragen und am Bahndamm verscharrt.

Es war eine Zeit, in der ich durch die schlimmsten Tiefen meines Lebens gehen musste.

In Frankfurt/Oder standen wir ein paar Tage. Einige Male wurde von Schwestern vom „Roten Kreuz" Kaffee und Marmeladenbrot ausgegeben. Dann musste man sehr aufpassen, dass man etwas erhaschte. Einer von uns beiden blieb dann bei dem Kind, der andere holte die recht kümmerliche Verpflegung.

An einem Sonntag ging ich mit Gerhard weiter in die Stadt hinein. Er lief mir voran zu einem Haus, vor dem ein Schuhmacher saß und an einem Schuh herumhämmerte. Es war ein Deutscher, der optiert hatte. Von ihm bekamen wir etwas zu essen und auch einige Zlotys. An einem von meinen Schuhen war die Sohle los; sie wurde hier wieder angenagelt.

Wie froh waren wir über jede Kleinigkeit und dankten Gott!

Auf dem Bahnsteig lagen Kartoffeln, von denen wir uns kurzerhand einige wegnahmen. Es fand sich eine leere Konservendose, und auch Streichhölzer fanden sich. Auf diese Weise konnten wir uns eine Wassersuppe kochen, zumal ich noch ein wenig Schmalz über die ganze Zeit der Flucht gerettet hatte. Anderntags bettelten wir uns in der Stadt eine Tüte Mehl und ein Glas Kutteln zusammen.

Als wir hörten, dass in der Stadt eine Ausgabestelle vom „Roten Kreuz“ war, riskierte ich es und ging dorthin, obgleich es weit vom Bahnhof entfernt war. Ein Mann, ebenfalls Flüchtling, begleitete mich. Währenddem fuhr der Zug mit seiner Frau davon.

Ob die beiden wohl jemals wieder zusammengekommen sind?

So half man sich und schlug sich recht und schlecht durch!

Als wir wieder einmal längere Zeit an einer Stelle hielten und Hunger hatten, ging ich mit dem Kind auf dem Arm zu einem Bahnbeamten der Station. Er sprach Deutsch. Ich sagte ihm, er möchte sich das Elend der Frauen und der Kinder ansehen; sie wären doch gewiß nicht schuld am Krieg. Er erläuterte indessen, welches der Grund für den längeren Aufenthalt sei: Die Lokomotive sei abgehängt und er habe eine andere von Frankfurt angefordert.

Ich bekam von ihm etwas Geld, so dass ich für das Kind Brot kaufen konnte. Wie froh war ich, dass man gelegentlich noch gute Menschen antraf.

Ein anderes Mal kam ich zu einem Bauernhof, in dem gerade eine Feier stattfand. Dort bekam ich etwas zu essen und durfte noch Milch und Kuchen mitnehmen.

Nach 14 Tagen kamen wir in Berlin an und freuten uns schon auf eine warme Suppe. Wir glaubten: Wenn wir nun wieder in Deutschland sind, hört die Not auf. Abends stiegen wir mit unseren Sachen aus und kamen in einen kalten Wartesaal mit ausgeschlagenen Fenstern. Hier saßen wir die ganze Nacht über und froren. Keiner wagte sich hinaus. Gegen Morgen brachte man uns warmen Tee, aber auf die Suppe hatten wir uns vergeblich gefreut.

Zu den Ursachen des deutsch-polnischen Krieges

(Geschäftemacherei mit einer deutsch-polnischen Auseinandersetzung)

Graf Potocki, Unterstaatssekretär im polnischen Außenministerium, bei seiner Rückkehr aus Washington nach Hause nach einem mehrmonatigen Aufenthalt in den USA im Juli 1939:

„Ich bin entsetzt über das in Polen herrschende politische Klima, über die Psychose, die in unserem Land um sich greift. Noch während meines Aufenthalts auf dem von den USA nach Europa gehenden Schiff wurde das Gerücht verbreitet, in Danzig sei ein Staatsstreich verübt worden.

Im Westen gibt es allerlei Elemente, die offen zum Krieg treiben: die Juden, die Großkapitalisten, die Rüstungsfabrikanten. Alle erwarten eine glänzende Konjunktur, denn sie haben den Ort gefunden, den man in Brand stecken kann – Danzig, und eine Nation, die bereit ist, zu kämpfen – Polen. Auf unserem Rücken wollen sie Geschäfte machen. Die Zerstörung unseres Landes würde sie gleichgültig lassen. Im Gegenteil, – da später alles wieder aufgebaut werden müsste, würden sie auch daran verdienen. Sie behandeln uns wie Neger, die nur zu arbeiten haben, damit sie ihr Kapital vermehren können."

(aus Potocki: „Das Geheimnis um die Ursachen des 2. Weltkriegs")

Prinz Max von Baden zum polnischen Minderheitenproblem 1919

„Die gewaltsame Aufrichtung eines polnischen Imperialismus, wie die Entente ihn plant, ist ein schweres Unrecht, – auch gegen die Polen selbst, die wohl einen Nationalstaat verwalten können, nicht aber den Aufgaben eines Nationalitätenstaates gewachsen sind. Die Polen sind gewissenlose Hüter der ihnen anvertrauten Minderheiten. Das waren sie, solange sie ein eigenständiger Staat gewesen sind. Ich weise auf die zahllosen Pogrome in ihrem Land hin".

(veröffentlicht im Berliner Tageblatt 1919)

(Prinz Max von Baden war letzter Reichskanzler im kaiserlichen Deutschland)

Erlebnisbericht zu der Zeit des „Bromberger Blutsonntags“

„Um sieben Uhr abends bellten die Hunde. Vier bewaffnete Polen kamen auf unseren Hof. Sie lärmten laut und schwenkten ihre Karabiner. Als mein Mann in der Tür erschien, um sie zu fragen, was sie wollten, brüllten sie „Hitlerschwein!“. Sie schlugen ihn nieder. Dann forderten sie ihn auf, die Waffen herauszugeben. Waffen hatten wir aber nie besessen.

Dann stießen sie meinen Mann zur Seite und traten in unsere Wohnung. Sie kamen in die Küche, rissen alle Schubladen heraus und durchwühlten Schränke und Laden. Die Sachen warfen sie auf den Fußboden. Dann rannten sie in das Wohnzimmer und in das Schlafzimmer. Auch hier rissen sie Schränke und Laden auf und warfen die Gegenstände auf den Fußboden. Die Sachen, die ihnen gefielen, steckten sie in ihre Tasche. Die Betten wurden aufgeschlitzt und zerrissen. Dann schüttelten sie die Federn aus …

Nachdem die Polen nichts Belastendes gefunden hatten, schlugen sie wieder auf meinen Mann ein, traten ihn mit den Füßen und johlten laut „Hitlerschwein!“. Dann wollten sie von ihm Geld und seine Taschenuhr. Er weigerte sich aber, Geld und Uhr herauszugeben. Sie schlugen dann erneut auf ihn ein. Er blutete aus Nase und Mund und hatte Platzwunden am Kopf.

Ich sah vom Blumengarten aus die Quälerei mit an, durfte mich aber nicht bemerkbar machen, da mich die Polen wahrscheinlich ebenso behandelt und noch vergewaltigt hätten. Das hatten sie nämlich mit den Töchtern unserer Nachbarn gemacht, die auch Deutsche waren.

Mein Mann fiel mehrmals hin, wurde aber mit Fußtritten und Kolbenhieben wieder hochgetrieben.

Unter großem Gejohle und wüsten Beschimpfungen wie „Hilerowiec, Schwab, deutsches Schwein" trieben sie meinen Mann vom Grundstück. Dabei schlugen sie weiter auf ihn ein, traten ihn und stachen ihn mit den Bajonetten. Immer wieder rissen sie ihn hoch und trieben ihn davon.

Ich war durch diesen Überfall und die Misshandlungen meines Mannes so verängstigt, dass ich ohne Verpflegung und ohne Gepäck über die angrenzenden Wiesen in eine Lehmgrube floh. Dort fand ich Nachbarn. Sie berichteten von ähnlichen Misshandlungen. Inzwischen war es dunkel geworden. Die ganze Nacht hörten wir von weitem das Lärmen und Gejohle der Soldaten, das Weinen der Kinder und das Jammern der Frauen und Mädchen. Zwischendurch fielen Schüsse. An mehreren Stellen des Ortes brannten die Häuser deutscher Bauern.

Bromberger Blutsonntag; Identifizierung der Toten

Nach dem Einmarsch der deutschen Truppen fand ich meinen Mann tot, – erschlagen und erschossen. Ich identifizierte ihn nur noch anhand seiner Kleidung. Er war fast bis zur Unkenntlichkeit zerschlagen. Klaffende Wunden hatte er im Rücken, an Brust und am Bauch. Kopf und Schultern waren blutverkrustet. In meinem Schmerz und meiner Ohnmacht bin ich zusammengebrochen....".

(Aus R. Mühlfenzl: „Geflohen und vertrieben; Augenzeugen berichten", Königstein 1981).

Bromberg – Stadt des Grauens
Ein Schandfleck in Polens Geschichte

Über Bromberg sind die Schatten des Todes gegangen. In den Straßen und Gärten liegen zahlreiche Leichen. Es sind gemordete Volksdeutsche, Opfer eines grausamen Hinschlachtens seitens der Polen. Wie hoch die Zahl der Toten ist, lässt sich noch nicht feststellen. Denn überall in Gräben, zwischen Hecken und Büschen, in Hauseingängen und in einsamen Gehöften der Vorstadt liegen die Toten; Männer und Frauen suchen weinend in den Straßen nach ihren Angehörigen.

Der Haß der Polen gegen alles Deutsche hat reiche Ernte gehalten. Frauen, Kinder, Jünglinge und Greise, alle wurden sie von den Polen wahllos hingeschlachtet, gleichgültig auch, ob die Deutschen der Volksdeutschen Vereinigung angehört hatten oder nicht. Eine schwarze Liste mit den Namen der Volksdeutschen war seit langem angelegt worden, und die Polen haben ihre Drohung, noch vor Beginn der Kriegshandlungen die deutsche Minderheit zu vernichten, hier im Bromberger Raum und auch anderswo vollends wahrgemacht.

Vollstrecker dieser Lynchjustiz waren aufgehetzte polnische Banden, gemeinster städtischer Mob, aber auch zurückflutende, demoralisierte polnische Soldaten, die im durch Alkohol gesteigerten Blutrausch mordeten.

(Bericht aus der Siegener Zeitung vom 20.8. 1989).

Fortsetzung aus dem Tagebuch:

Wir wurden dann in einen verlassenen Bunker gebracht, wo wir auch wieder verpflegt wurden. Das Essen holten wir uns aus einer Küche ab, wobei wir über einen großen Flur kamen. Da standen oder saßen die Landser aus Russland, – unsere Soldaten, – abgemagert, mit Bärten, fast alle ohne Schuhe, die Füße mit Lappen umwickelt. Da die Räume von den Flüchtlingen besetzt waren, standen oder saßen diese Männer zu beiden Seiten an die Wand gelehnt.
Als ich am anderen Morgen Verpflegung holte, waren einige von ihnen tot, und ich musste buchstäblich über Leichen steigen. Später beobachtete ich, wie Leute kamen, welche die Toten in Papiersäcke steckten und auf einen Wagen luden.

Wiederum vergingen einige Tage. Dann brachte man uns in ein Lager, wo wir längere Zeit blieben.

Von dort fuhr ich zu einer Bekannten, die ich aus der Heimat kannte. Wir hatten ihr im Krieg oft Lebensmittel geschickt. Beim Abschied bekam ich von ihr ein Kissen für das Kind und für mich selbst einen gebrauchten Morgenrock.

Als ich in Potsdam eine Frau aufsuchte, der wir gleichfalls Lebensmittel geschickt hatten, fand ich dort einen Brief von meinem Mann, in welchem er anfragte, ob er sie besuchen könne. Er war aber nicht gekommen.

Einige Wochen blieben wir in dem Lager. Dann hieß es: Wir kommen nach Mecklenburg. Tatsächlich ging es eines Tages zum Bahnhof. Es wurde ein kleines Pferd vor einen Wagen gespannt. Alte und Kinder durften mitfahren. Uns betreute das „Rote Kreuz“. Da Gerhard zu weinen begann, weil er offenbar Schmerzen hatte, durfte auch ich mitfahren.

Die Fahrt endete in Schwerin in Mecklenburg. Zwei Lager gab es da, wovon eines für Mütter mit Kindern bestimmt war. Wir lagen dort einige Nächte auf dem Boden mit unseren Kleidern und Decken. Ein Pole riß mir meine Decke fort. Ganz laut haben wir geschrieen. Da kam russisches Bewachungspersonal und verlangte alles Raubgut zurück.

Wir hatten einen Raum ohne Licht und ohne Heizung bekommen, und das im anbrechenden Winter, denn wir waren am 29. November hier angekommen. Als Verpflegung gab es nur Suppe und Brot. Ich sah mich in der Stadt um. Da standen die Leute Schlange. Ich fragte, was es hier gäbe:

„Warme Suppe, doch man muß Kartoffeln abgeben!"

Als ich sah, wie ein Bauer Kartoffeln ablud, bat ich ihn um ein paar. Er gab mir, soviel ich tragen konnte und noch zwanzig Mark dazu. Allerdings konnte man für das Geld nichts kaufen.

Ich fragte bei der Lagerleitung an, ob ich Kartoffeln schälen dürfe; das wurde angenommen. Seitdem ging es uns etwas besser. Die Suppe bekam Martha, denn sie konnte das Dörrgemüse nicht essen. Kartoffeln nahmen wir uns, wo wir sie finden konnten. In der Küche war ein großer Herd, ein kleines Töpfchen hatten wir und ein wenig Butter bekamen wir zugeteilt. So konnten wir, vor allem aber Gerhard, Kartoffeln mit Butter essen.

Diejenigen, die nicht im Küchendienst helfen konnten, bekamen keine Kartoffeln. Sie tauschten gewöhnlich Kartoffeln gegen ihre Butterration ein.

Eine Ärztin lernte ich kennen; von ihr bekam ich ein paar Höschen für das Kind. Sie besuchte uns und verschrieb Martha und Gerhard Krankenkost. Wir brauchten jetzt nicht mehr zu hungern.

In dieser Zeit wurde auch ich krank. Da ich entsetzlichen Durchfall bekam, wurde Typhus angenommen. Ich wurde in die Typhusstation des Krankenhauses eingeliefert. Hier konnte ich mich nach langer Zeit wieder einmal richtig waschen. Oft wurde ich untersucht. Dafür musste ich nüchtern sein, so dass ich wieder hungerte, – jetzt allerdings nicht aus Mangel an Nahrung. Es stellte sich schließlich heraus, dass es sich nicht um Typhus handelte, und ich kam wieder in eine andere Station. Dort bekam ich täglich dreimal Haferflocken und Tee, – jedoch der Durchfall blieb.

Ich lag zusammen mit einer jungen Frau auf dem Zimmer; sie hatte ein Verhältnis mit einem russischen Offizier. Sie bekam stets gutes Essen hingestellt, so dass mir das Wasser im Mund zusammenlief. An einem Sonntag war sie zum Essen nicht da. Die Schwesternvertretung stellte den herrlich gefüllten Teller, wohl versehentlich, auf meinen Nachttisch. Schnell aß ich alles auf und fühlte mich zum ersten Mal richtig satt. Zum gleichen Zeitpunkt verschwand auch der Durchfall.

Wenig später wurden wir entlaust, wofür wir uns die Haare schneiden lassen mussten. Dabei wurden mir einige Hemdchen und Höschen von Gerhard, als sie zum Trocknen in der Küche hingen, gestohlen.

Es war Quarantäne über das Lager gelegt, und es durfte niemand hinaus. So schälte ich im Lager Kartoffeln und machte mich auf andere Weise nützlich. Die Schneiderstube des Lagers besuchte ich und bekam dort Stoff, aus dem ich für Gerhard ein Paar Hausschuhe nähte.

am Bahndamm verscharrt. Durch die tiefs-
ten Tiefen des Lebens mußte man gehen
wo man in so guten Verhältnisse aufge-
wachsen war. In Frankfurt standen paar
Tage. Manchmal wurde vom roten Kreuz
Kaffee u. Marmeladenbrot ausgegeben, da
paßten dann auf einer Blick beim Kind u.
der andre holte was. Ein Sonntag ging ich
mit G. er lief ja wieder ein Haus vorbei,
da saß ein Schuhmacher u. hämerte ein
Deutscher die optiert hatten, bekamen et-
was zu essen auch paar Zlotis. Mathe. Schuh
war die Sohle los trug den hin und er nu-
de angenagelt wie froh war man denn.
u. dankte Gott. am Bahnsteig lagen Kar-
toffel klauten uns welche ließen Dose
aus Streichhölze bekam man auch von
jemand etwas Gniske hatten dabei u.

Zustände in polnischen Konzentrationslagern (1)

Es ist nicht möglich, auch nur angenähert die Zahl der Personen zu erfassen, deren Tod auf Ausschreitungen in Gefängnissen und Lagern zurückzuführen ist. Die Todesquoten in den einzelnen Lagern sind sehr unterschiedlich. Sie differieren zwischen zwischen 20 und 50 % der Zahl der Insassen, die zwar vorwiegend als Folge von Seuchen und Krankheiten, verursacht durch unzureichende Ernährung (Hungertyphus) und durch unhygienische Zustände, zu verzeichnen sind, die aber auch in nicht unerheblicher Zahl Todesopfer durch Misshandlungen und Erschießungen umfassen.

(aus: Dokumentation des Bundesarchivs)

Zustände in polnischen Konzentrationslagern (2)

(Auszug aus dem Urteil des Landgerichts Hannover vom 20. Dez. 1951)

Die Deutschen waren getrennt nach Männern, Frauen und Kleinkindern, kinderlosen Frauen und Mädchen sowie Knaben im Alter bis zu 16 Jahren untergebracht. Familien wurden rücksichtslos auseinander gerissen. Kamen die betreffenden Angehörigen dennoch einmal insgeheim zusammen und wurden sie dabei von der polnischen Miliz gefasst, dann gab es für sie entsetzliche Prügelstrafen bzw. auch die Todesstrafe. Vergewaltigungen durch die Polen waren an der Tagesordnung. Die meisten Polen waren überdies geschlechtskrank. An Verpflegung gab es für die Deutschen täglich mittags einen halben Liter Wassersuppe, dazu morgens und abends drei bis vier alte, oft faule, anfangs sogar ungekochte Kartoffeln und eine halbe Scheibe Brot. ...

Die hygienischen Verhältnisse im Lager spotteten aller Beschreibung, so dass eine große Läuseplage herrschte. Die Folge dieser Zustände war, dass viele Menschen am Flecktyphus verstarben. Hatte sich ein Deutscher als Arzt herausgestellt, so wurden ihm keinerlei medizinische Instrumente oder Medikamente zur Verfügung gestellt. Aus Abfallgruben und Trümmerhaufen wurde einiges zusammengesucht, was die Polen nicht selten mit den Füßen zertraten. ...

Infolge dieser Zustände allein verstarben schon viele Leute. Andere wurden von den Polen aus denkbar nichtigen Anlässen erschossen oder erschlagen.

Wieder andere dienten ihnen als lebende Zielscheiben und wurden von den Polen gewissermaßen aus Spielerei erschossen.

Die Sterblichkeitsziffer war naturgemäß sehr hoch.

Es gab Tage, an denen die Polen in ganz besonderer Weise gegen die Deutschen wüteten. Hierzu zählte einmal die erste Nacht, in welcher ein Schub von Neueingetroffenen nach einem anstrengendem Fußmarsch angekommen war. In dieser ersten Nacht veranstalteten die Polen mit diesen halbverhungerten Menschen eine sogenannte „Nachtübung", wobei sie etwa die Hälfte der Neuankömmlinge – und zwar solche, die nicht schnell genug „Auf und Nieder" machen konnten, – erschlugen. …

Erlebnisberichte aus polnischen Lagern

1. *Max H. legten die Polen zur Last, er sei bei der SS gewesen. Er verneinte das. Daraufhin wurde er zusammen mit P. in ein Nebenzimmer der Schreibstube gestoßen. Acht Posten folgten, die ihn dann bearbeiteten. Auch als sie kräftiger auf ihn einschlugen, leugnete er es immer noch ab. Dann wurden beide herausgebracht. Die Kleidung war völlig zerrissen, der Körper blutüberströmt. H. wurde jetzt hinausgeführt und hinter der Baracke erschossen.*

2. *Johann L. trug einen schwarzen Vollbart. Sie ergriffen ihn und verlangten von ihm, über die dort befindlichen landwirtschaftlichen Geräte zu springen. Wo er es nicht konnte, wurde er darübergestoßen. Anschließend brachten sie ihn in die Werkstatt. Dort wurde er mit dem Bart in einen Schraubstock geklemmt. Mehrere Posten schlugen mit zollstarken Eisenstäben auf ihn ein. Dabei wurde ihm sein Bart angezündet. L. gab in der Werkstatt seinen Geist auf. Er wurde mit H. zusammen in dem Splittergraben verscharrt.*

3. *Nach dem Zählappell vor den Baracken mussten wir Marschlieder singen und dazu im Takt auf der Stelle treten. Wer die Bewegung nicht exakt machte, wurde geprügelt und getreten. Dabei schlichen Posten die Reihen entlang und holten sich den einen und den anderen heraus.*
   Diese Männer gingen in den seltensten Fällen lebend vom Platz, – sie wurden tot weggetragen.

4. *Nach einem Zählappell, bei welchem wieder drei Lagerinsassen getötet worden waren, wurden mir*

sechs Mann zugeteilt, mit denen zusammen ich die Toten begraben sollte. Nach dem Erschlagen waren sie von den Polen hinter die Frauenbaracke geschleift worden und lagen dort im Gras.
Dem ersten hatten die Posten den Schädel eingeschlagen, so dass vom Kopf nur noch der Unterkiefer übrig war. Das Gehirn und die Schädelknochen lagen herum.
Den zweiten hatten sie zertreten und die Kleidung angezündet, so dass davon nur noch einige Überreste zu sehen waren. Der Körper selbst war stark angekohlt.
Den dritten hatten sie ebenfalls zertreten.
Während des Begrabens kamen Posten und befahlen uns, sich hinzulegen. Wir bekamen dann Schläge mit dem Gewehrkolben auf den Rücken.
Einer von uns, der eine außergewöhnlich starke Brille trug, musste sich auf den Rücken legen. Dann trampelte ein Milizmann auf seinem Brustkorb herum. Wenn er einen Schmerzensschrei ausstieß, trat der Pole ihn auf den Kehlkopf. Ein anderer stieß ihn mit dem Seitengewehr zwischen die Rippen. B. bat den Posten, ihn zu erschießen. Ihm wurde hohnlachend geantwortet, er solle langsam verrecken.
In der folgenden Nacht machte er seinem Leben ein Ende durch Erhängen mit den Hosenträgern.

Die vorstehenden Erlebnisberichte zeigen die sadistische Grausamkeit auf, die in den polnischen Lagern üblich war und ohne jedes Beispiel ist, da sie auch die Ausschreitungen in deutschen Lagern weit übertrifft.

(Die Berichte sind entnommen aus dem Bundesarchiv: Dokumente der Vertreibung)

Das Verhalten der Polen nach Durchzug der Sowjetarmee

Nach dem Wüten der Sowjetarmee hörte der Schrecken noch keineswegs auf. Es folgte der Roten Armee bald ein zusammengewürfelter Haufen polnischer Partisanen und Plünderer, hastig zusammengestellte Milizen und Marodeure. Nach einem Dekret über die „Strafzumessung für faschistisch-hitlerische Verbrecher" kam es zu willkürlichen Massenverhaftungen. Nahezu alle Verhafteten wurden auf denkbar brutale Weise misshandelt, häufig bis zum Tod. Viele wurden nach Belieben erschossen oder erschlagen.

In der Nähe der Folterkeller der polnischen Miliz zogen mitunter die Bewohner der Nachbarhäuser aus, weil sie die furchtbaren Schreie der Gefolterten nicht mehr aushalten konnten.

In manchen Gegenden mussten die Deutschen bestimmte Armbinden oder Hakenkreuze an der Kleidung tragen, was die willkürlichen Übergriffe von Halbwüchsigen, Milizionären u. dgl. wesentlich erleichterte.

Kommentare von Repräsentanten der ehemaligen Feindstaaten zur Vertreibung der Deutschen

1. Bei der Krimkonferenz in Jalta im Februar 1945 äußerte Stalin blutrünstig:

   „Ich bin dafür, den Krieg noch länger fortzusetzen trotz des hohen Blutzolls, der damit verbunden ist, um Polen dann auf Kosten Deutschlands die gewünschte Entschädigung im Westen zu verschaffen".

   Der amerikanische Präsident pflichtete zwei Tage später dem „entschieden und bestimmt" bei, und auch Churchill, dem das Völkerrecht nichts bedeutete, stimmte dem zu. Für diesen verantwortungslosen Politiker war das Verschenken von ältestem Kulturgut der europäischen Zivilisation an die Sowjets kein Problem.

2. Ende Januar 1945 erschienen in den britischen Tageszeitungen Berichte über die rieigen Flüchtlingsbewegungen aus Ostpreußen, Schlesien und anderen deutschen Landesteilen. Es wurden Bedenken in der britischen Öffentlichkeit laut.

   Das veranlasste Churchill zu folgenden Sentenzen:

   „Wir müssen die Deutschen auf ihrem Rückzug ‚braten'!"

   Churchill war besessen, Deutsche zu töten, und möglichst millionenweise.

   „Die Flüchtlinge sollen erst gar nicht im Westen ankommen, damit es dort nicht zu einem Chaos

und einer Hungersnot kommt, was man am Ende uns zur Last legt. Die ganze Fluchtbewegung muß in einem Massaker enden!"

Vor dem englischen Unterhaus äußerte sich Churchill folgendermaßen:

„Es steht den Polen frei, ihr Gebiet nach Westen auf Kosten Deutschlands weitgehend auszudehnen. Natürlich muß ein ‚Bevölkerungsaustausch' durchgeführt werden. Eine vollständige Vertreibung ist das sicherste und dauerhafteste Mittel: Es wird dann keine Mischung der Bevölkerung geben, was leicht zur Qelle endloser Unannehmlichkeiten werden kann!"

3. Ein polnischer Regierungssprecher äußerte gegenüber der Presseagentur „Exchange" Anfang Juli 1945:

„Die polnische Regierung wird mit aller Entschlossenheit die Vertreibung der zweieinhalb Millionen Deutschen durchführen, die sich noch in den von uns ‚wiedergewonnenen polnischen Gebieten' östlich der Oder-Neiße-Linie befinden. Selbstverständlich werden wir nicht nach dem Vorbild Hitlers mittels „Vergasung und Hinrichtung" vorgehen; es gibt auch noch andere Mittel!"

4. Auf der Konferenz in Potsdam im Juli 1945 begleitete Admiral Leahy den amerikanischen Präsidenten auf einer Besichtigungsfahrt nach Berlin hinein. Er schrieb in sein Tagebuch:

„Jedes Gebäude war vollständig zerstört oder schwer beschädigt. Einmal eine schöne Stadt,

Hauptstadt einer großen und stolzen Nation mit viereinhalb Millionen Einwohnern, – heute hoffnungslos verwüstet.

Aber noch bedrückender ist der endlose Zug von Frauen, Kindern und Greisen, die, aus ihrer Heimat von den russischen Eroberern vertrieben, in großen Scharen die Landstraßen entlang marschieren, mit ihren wenigen Habseligkeiten und mit kleinen Babys in den Armen und wohl auch ohne Hoffnung …"

Zur Täterschaft bei den polnischen Vertreibungsverbrechen

Wer waren die Täter bei den Polen, die sich an den Gewaltverbrechen gegen die ostdeutsche Zivilbevölkerung beteiligten?

Einmal waren es die polnischen Zivilisten, die sich in den von den Deutschen verlassenen Häusern und Höfen niederlassen wollten, aufgefordert von der provisorischen polnischen Regierung.

Dann war es eine große Zahl von Spekulanten, Schiebern und Beutemachern, die eine günstige Gelegenheit zur Bereicherung witterten. Diese Gruppe zeigte sich vor allem als Marodeure und Plünderer.

Gefährlicher und sozial vielschichtiger war ein anderer Täterkreis, – die polnische Miliz. Diese war zumeist im Gefolge der Sowjetarmee ins Land gekommen. Ihre Einheiten setzten sich sehr häufig aus fragwürdigen Elementen zusammen. Teilweise waren es arbeitsscheue junge Leute, die sich in der Miliz einträgliche Geschäfte versprachen. Diese von den polnischen Behörden oft überstürzt aus dem Boden gestampften Milizeinheiten haben für die deutsche Bevölkerung eine verhängnisvolle Rolle gespielt.

Vertreibungsargumente der polnischen Regierung

Das wichtigste Vertreibungsargument der Polen war die angeblich notwendige Kompensation für die „verlorenen ostpolnischen Gebiete“. Dabei waren letztere größtenteils Beuteobjekte aus dem von Polen inszenierten Krieg gegen das um 1920 durch die Revolution geschüttelte Russland. Die Bewohner dieser geraubten Gebiete waren vor allem Ukrainer und Belorussen. Es kamen daher auch nur ca. 1,5 Millionen polnische Flüchtlinge aus diesen Gebieten, die man unschwer in den den Polen 1919 in Versailles zugeschlagenen Räumen und von der deutschen Minderheit wegen steter Drangsalierung verlassenen Landstrecken hätte unterbringen können.

Polens Deutschenhass

Im Nürnberger „Kriegsverbrecher-Prozess" sagte ein führender amerikanischer Diplomat folgendes aus:

„Eine Denkschrift des polnischen Auswärtigen Amts führte im Jahr 1931 aus, dass die zu erstrebende Westgrenze Polens die Oder-Neiße-Linie sei. Ich sah in dieser Denkschrift eine außerordentliche Bedrohung Deutschlands und befürchtete schon damals eine kriegerische Auseinandersetzung.

Die Erziehung des polnischen Volkes fand in einem durchaus antideutschen Sinne statt. Allgemein war bekannt, dass die polnische Jugend zum Hass gegen Deutschland eingestimmt wurde. Gerade die damalige Schwäche des Deutschen Reiches hat diesen Chauvinismus in Polen groß werden lassen, weil man hoffte, auf billige Weise seine Expansionsziele zu erreichen."

Kommentar:

Diese Veröffentlichung zeigt bereits deutlich den hohen Schuldanteil Polens an den Entwicklungen, die zum 2. Weltkrieg führten.

Mit der Zeit gewann Deutschland seine alte Machtstellung zurück. Das Deutsche Volk war insgesamt über die Bedeutung der Moral in der internationalen Politik völlig enttäuscht. Man hatte in Deutschland erfahren, dass ohne Gewalt nichts erreicht werden konnte. Obwohl nämlich längst die Ungerechtigkeiten des „Versailler Vertrags" weithin eingesehen wurden, bestand keine vernünftige Aussicht, durch friedliche Verhandlungen zu einer Änderung zu gelangen.

Dieser „Vertrag" wurde also nicht die Ursache einer Versöhnung, sondern im Gegenteil Anlass zu verstärkten Spannungen.

Polnische Geschichtsklitterung

In der polnischen Literatur wird die Vertreibung der Deutschen verharmlost und vertuscht. Sogar über die Schulbücher wird den Kindern bereits ein unwahres Geschichtsbewußtsein eingepflanzt. So liest man zur Vertreibung der Deutschen lediglich:

„Die terretorialen Veränderungen bei Ende des 2. Weltkriegs waren mit umfangreichen Bevölkerungsverschiebungen verbunden. Sie zielten darauf ab, staatliche und ethnische Grenzen nach Möglichkeit in Übereinstimmung zu bringen".

Kein Wort von Vertreibungsopfern und von der bis heute ausgebliebenen Verfolgung der Vertreibungsverbrechen. Dafür wird die gerichtliche Aufarbeitung der NS-Verbrechen in Deutschland gerügt, obgleich im Rahmen der „Kriegsverbrecher-Tribunale" und der „Entnazifizierungskampagne" Menschenmögliches getan wurde. So heißt es in den Schulbüchern zu dieser Thematik:

„Inkonsequenzen bei der Durchführung der Entnazifizierung und der gerichtlichen Verfolgung nationalsozialistischer Verbrechen haben die Beziehungen der Bundesrepublik Deutschland zu Polen in vieler Hinsicht belastet."

Wie wirksam diese Strategie der Vertuschung ist, beleuchtet ein Ausspruch des Papstes Johannes Paul II., von Geburt ein Pole:

„Die Vertreibung von mehreren hunderttausend Ausländern aus Nigeria ist eine Tragödie, die in diesem Jahrhundert ohne Beispiel ist. Sie ist in diesem Ausmaß in diesem Jahrhundert gänzlich neu und erschüttert das Gewissen eines jeden."

Offenbar hat der polnische Papst einiges „vergessen"!

4. Kapitel: Ende der Flucht und ein Wiedersehen in der neuen Heimat

Einige Wochen vergingen. Da sprach mich im Lager ein kriegsgefangener deutscher Soldat an:

„Nanu, wie kommen Sie denn hierher?“

Zuerst erkannte ich ihn nicht, denn die deutschen Landser sahen alle zerlumpt und schrecklich mitgenommen aus. Es war ein Verwandter von meinem Mann, der hier im Lager gewesen war und nun aus der Gefangenschaft entlassen werden sollte. Meine erste Frage an ihn war:

„Wissen Sie nichts von Max?“

Aber er konnte mir keine Auskunft geben.

Täglich kamen jetzt Transporte mit ehemaligen deutschen Soldaten, die durch das Lager hindurch mussten. Wir standen abends und waren enttäuscht, wenn unser Papa nicht dabei war.

Unser neuer Bekannter besuchte uns einmal in unserem Zimmer. Als er sah, wie wir dort hausten, forderte er mich auf:

„Machen Sie nur, dass Sie hier herauskommen, – das Kind kann sich hier nicht erholen!“

Inzwischen bekamen wir auch Nachricht von einer Kusine aus unserer Heimat. Der Suchdienst vom „Roten Kreuz“ hatte die Adresse in der Ostzone ausfindig gemacht. War das eine Freude, denn über ein Jahr hatten wir nichts voneinander gehört!

Als es hieß, das Lager werde aufgelöst, ging ich zum Lagerkommandanten und sagte ihm, dass meine Schwester mit zwei Leiterwagen die Vertreibung überstanden und nun in Hannover eine Wohnung gefunden hätte, in der ich unterkommen könne. Tatsächlich hatte auch hier der Suchdienst diese Verbindung hergestellt. Doch es wurde nichts mit Hannover. In Lübeck empfingen uns die Engländer. Sie waren auch bewaffnet, jedoch erlebten wir eine recht humane Behandlung; vor allem wurde Kindern und älteren Menschen geholfen.

Wir kamen wieder in ein Lager, allerdings mit erträglichen Verhältnissen. Es gab gutes Essen, Fleisch und Wurst, – Dinge, die wir fast zwei Jahre nicht gesehen hatten.

Nur ein paar Tage blieben wir dort; dann ging es wieder weiter. Wir hatten Hannover als Ziel angegeben. In Hamburg wurden wir umgeladen, aber anstatt nach Hannover ging es nach Holstein. Wir waren sehr enttäuscht.

Wir kamen schließlich in einen Ort bei Neuendorf. Man empfing uns hier und brachte uns zunächst in der Turnhalle der Schule unter. Dort mussten wir schlafen und bekamen unsere Mahlzeiten.

Einige Tage später wurden wir verteilt. Ich hatte angegeben, ich sei Bäuerin und möchte darum aufs Land, denn wir waren so heruntergekommen und dem Kind fehlte es an Milch und an frischer Luft.

Einmal gegen Abend fuhr ein Wagen vor. Wir wurden eingeladen und fuhren mit ihm davon. Das Land, durch das wir kamen, war ganz flach; weit und breit sah man nur Wiesen, Gräben und Ackerland.

An einem Bauernhof konnten wir aussteigen. Da die Bäuerin noch auf dem Feld war, standen wir nach Abfahrt des Wagens verlassen in der Diele des Bauernhauses. Als dann die Bäuerin kam, schimpfte sie los, sie habe doch schon Flüchtlinge. Da fragte ich sie:

„Wir sind aus unserer Heimat, aus unserem Hof herausgeworfen worden. Haben Sie noch ein Plätzchen für uns?“

Bilanz des Todes

Die Gesamtzahl der Todesopfer aller Vertriebenen aus Ostpreußen, die durch die Vertreibung zu beklagen sind, wird vom Statistischen Bundesamt mit 299.000 angegeben.

In dieser Zahl sind nicht enthalten jene Menschen, die durch die Folgen der grauenhaften Ereignisse körperlich schwer geschädigt oder seelisch zerbrochen bald nach diesen Geschehnissen gestorben sind.

Als die wichtigsten Todesursachen sind zu nennen:

- Massenverbrechen beim Einmarsch der Roten Armee und in den ersten Wochen danach.
- Vernichtung von Flüchtlingstrecks bzw. Tod auf der Flucht durch Erschöpfung, Kälte usw.
- Tod in Gefängnissen und Lagern.
- Zwangsarbeit und Deportation.
- Verelendung und Hungertod der verbliebenen Bevölkerung.

Der Tod eines Landes

Der amerikanische Diplomat und Historiker George F. Kennan beschreibt in seinen Memoiren den Zustand Ostpreußens 1945, als er, von der Potsdamer Konferenz kommend, das Land mit seiner Maschine überflog:

„Die Katastrophe, die über dieses Gebiet mit dem Einzug der sowjetischen Truppen hereinbrach, hat in der modernen europäischen Geschichte keine Parallele. Es gab weite Landstriche, in denen, wie aus den Unterlagen ersichtlich, nach dem ersten Durchzug der Sowjets von der einheimischen Bevölkerung kaum noch ein Mensch – Mann, Frau oder Kind – am Leben war, und es ist einfach nicht glaubhaft, dass sie allesamt in den Westen entkommen wären.

Ich selbst flog kurz nach Potsdam mit meiner amerikanischen Maschine in ganz geringer Höhe über die gesamte Provinz, und es bot sich mir ein

Ostpreußische Landschaft: „Land der dunklen Wälder“

Anblick eines vollständig in Trümmern liegenden Gebiets. Nirgendwo ein Zeichen von Leben. Die Russen hatten die einheimische Bevölkerung aus dem Land in einer Manier hinausgefegt, die seit den Tagen der asiatischen Horden nicht mehr dagewesen ist.“

Das Land Ostpreußen und der Stamm der Ostpreußen existieren nicht mehr. Angesichts dieses Sachverhalts ist der Begriff des „Völkermords“ hier gerechtfertigt.

Der Hölle in Ostpreußen entronnen

Erlebnisbericht zur Vertreibung

Es war ein wunderschöner Herbst 1944 in Gumbinnen, der Himmel so strahlend blau, die Wolken duftig weiß und das Weinlaub leuchtend rot, die Äcker gelb und abgeerntet. Über die Grenze von Litauen kamen die ersten Flüchtlingstrecks mit ihren hochbepackten Wagen, gezogen von zottigen kleinen Pferden, und kämpften sich gen Westen. Später erinnerte ich mich an Krähen, die krächzend über den Stoppelfeldern kreisten, so schwarz und dunkel wie die vorbeiziehenden Bauern mit ihren stumpfen Gesichtern.

Bald auch hörten wir fernen, sich stetig nähernden Gefechtslärm und das dumpfe Rumpeln der Einschläge. Auf der Bahn gab es nur noch Munitions-, Truppen- und Lazaretttransporte. Zivilpersonen und Pakete wurden nicht mehr abgefertigt, und nur noch Feldpostbriefe wurden befördert.

Eines Tages, es war schon recht frostig, kam ich über die Elchbrücke und sah auf dem Platz vor der Regierung – so nannten wir die Kreisverwaltung – einen Menschenauflauf, der sich um den Gauleiter Koch scharte. Als Gauleiter war er der führende Repräsentant der politischen Partei in Ostpreußen. Er versuchte die Umstehenden zu beruhigen und versicherte, dass in der Nähe – im Südwesten und östlich von uns – lediglich nur Schieß- und Truppenübungen stattfänden. Somit gäbe es überhaupt keinen Anlaß zur Besorgnis, der nahe „Endsieg“ sei uns gewiß.

Kurze Zeit darauf konnte man bombardierte Ortschaften in der Dunkelheit am Horizont brennen sehen, ein grandioser und zugleich entsetzlicher Anblick. Obschon nunmehr die Situation von Tag zu Tag bedrückender wurde, auch durch die Nachrichten über die Greueltaten der Russen, die unter der Hand kursierten, fühlte sich meine Mutter immer noch, wie viele andere, ihrer Arbeit im Kriegsdienst verpflichtet und mochte nicht fliehen. Was konnten wir auch tun?

Schließlich löste bei mir ganz urplötzlich die zwanghaft aufrecht erhaltene Normalität sowie die Ungewissheit um uns herum eine Gallenkolik aus, aber es war kein Arzt mehr in seiner Praxis anzutreff-fen. Alle hatte man in das Krankenhaus beordert, das inzwischen als Frontlazarett diente. Die verwundeten Soldaten lagen überall, - in den Gängen, im Flur und auf den Treppen. Sie wurden, so gut es eben möglich war, an Ort und Stelle versorgt und sogar operiert.

Spät abends, auf einem raschen Sprung nach Hause, kam endlich doch ein Doktor zu uns, um mir eine Spritze und sogar einen Berechtigungsschein für einen noch in der Nacht in Aussicht gestellten Transport zu geben, der für Mütter mit kranken oder kleinen Kindern eingesetzt werden sollte, – in all diesem Chaos eine unerwartet mitmenschliche Fürsorge!

Wie kopflos packten wir ein paar Habseligkeiten und verbrachten die Zeit bis zur Abfahrt in der frühen Morgendämmerung auf dem Bahnhof.

Die Güterwaggons, in die wir hineingepresst wurden, waren völlig überfüllt, und wir fuhren eingepfercht wie die Tiere. Im polnischen Korridor geriet der Zug unter den Beschuß von Partisanen, so dass sich in das schnelle Rattern der Räder panische Unruhe und das Wimmern der Verletzten mischte. Es sollte uns fortan noch stundenlang begleiten.

Endlich waren wir aber doch der „Hölle Ostpreussens“ entronnen, und wir glaubten schon, uns erlöst fühlen zu können. Doch in Berlin eingetroffen, gerieten wir direkt in einen schweren Bombenangriff – und nun standen wir da, inmitten rauchender Ruinen, in einem uns fremden Land, und wussten nicht – wohin!

Flucht aus Ostpreußen

Verloren auf verschneitem Land
Erkämpft ein schattendichtes Band
Von Menschen sich die Flucht.

Fahl blitzt's am nächtlich Horizont
Im dumpfen Grollen loser Front,
Wo Tod des Grauens Frucht.

Wie Glut das dunkle Firmament
Im Widerschein der Flammen brennt;
Der Blick die Sterne sucht.

„Na, dann wird Platz gemacht“, war die Antwort.

Sie ging zur Nachbarin und holte ein Kinderbett. Wir bekamen eine kleine Kammer zugewiesen. Darin stand ein altes Bett, ein Tisch und eine Kommode. Kein Herd war im Zimmer, kein Ofen, – und es war Februar. Martha und ich lagen in einem Bett, Gerhard im Kinderbett.

Es war noch eine andere Familie mit Kindern dort, die hatten auch nur ein Zimmer, jedoch war es größer als unseres und besser eingerichtet.

Weil ich melken konnte, stellte mich die Bäuerin sozusagen als ihr Melkmädchen an.

Wir mussten uns auf dem Bürgermeisteramt anmelden. Da wollte die Bäuerin uns mit dem Kind unbedingt als Selbstversorger eintragen lassen. Die Sekretärin auf dem Amt, selbst eine Flüchtlingsfrau, machte uns heimlich darauf aufmerksam, dass wir eine Normalverbraucherkarte beantragen sollten, denn nur so könne das Kind Milch und Butter bekommen. Als Martha dann kochen wollte, gab uns die Bäuerin keine Kartoffeln.

„Für zwei Familien habe ich keine!“

Mir kamen die Tränen, und ich ging zur Nachbarin und erbat mir einige.

In der Nähe fand ich Bekannte aus unserem Heimatkreis. Ich besuchte sie. Mit ihnen ging ich dann von Haus zu Haus und erbettelte mir Kartoffeln. Die Bauersfrau, bei der sie wohnten, schenkte mir einige gebrauchte Kleidungsstücke, die wir so dringend brauchten und verkaufte mir einen ganzen Zentner Kartoffeln. Ein Bauer, der auch aus der Nähe unserer Heimat kam, holte sie mit Pferd und Wagen. Jedoch nahm er sich für das Fahren so viel davon weg, dass wir mit dem Rest kaum ausreichten.

Wohnung nur ein großes Zimmer doch Max konnte Sonnabend
kommen dann wurde der Zug eingestellt bis Ek. so
paßte kein Zug nun die Zeit. Gingen wieder um
Wohnungsuche, bekamen dann in Schmiedeberg
die Wohnung bei Schreiner Mayer dicht bei der Bahn
konnte schon Freitag jede Woche kommen waren sehr
zufrieden mußten aber mit einer anderen Fa-
milie auf ein Gang wohnen was nicht ange-
nehm war. Im Juni 52 kam Max heim und
sagte bekommen eine andre Arbeitsstelle und
hol Emil im Herbst. Es kam anders. Holten
ein Schwein zum Füttern dort angekommen wurde
M. schlecht, waren kurz vor zu hause da stützte
sich auf den Wagen man trug ihn zu Hirsch
in den Stall. Rief den Arzt an stellte den Tod
fest. Allein kam ich heim weinten beide und
Tante Martha, konnte es nicht überwinden
nahm wen ich vor hinfuhr mein Kind an

Stellungnahme der Evangelischen Kirche Deutschland

In geradezu kläglicher Weise hatte sich die Evangelische Kirche Deutschlands (EKD) der psychologischen Kriegführung gegen unser Land angepasst.

„Die Lage der Vertriebenen und das Verhältnis des Deutschen Volkes zu seinen Nachbarn erklärt die Vertreibung als ‚Gericht Gottes' und als ‚Wiedergutmachung für begangenes Unrecht'. Die Deutschen haben die Verpflichtung, dem polnischen Volk den Raum zu lassen, dessen es zu seiner Entfaltung bedarf."

Die Denkschrift übernimmt sogar den bei den Polen gängigen, geschichtlich jedoch völlig falschen Begriff der „wiedergewonnenen Länder" im Westen Polens.

(aus der Denkschrift der EKD 1965: „Die Lage der Vertriebenen und das Verhältnis des Deutschen Volkes zu seinen Nachbarn".)

Walther Rathenau zu Deutschlands Stellung in der Welt

Rathenau in „Nach der Flut", 1919:

Wenn der deutsche Geist in Wissenschaft und Kunst verebbt, wenn die Städte verödet sind und verkommen, wenn deutsche Menschen zu Millionen von ihrer heimatlichen Erde losgerissen und vertrieben sind – wird dann vor dem Tribunal der Geschichte und vor dem Richterstuhl Gottes das Wort Geltung haben:

„Diesem Volk ist recht geschehen, und drei Männer* haben dieses Recht vollzogen!"

Wird diese Gewalttat eine Segenszeit für die Völker einleiten? Was uns angedroht wurde und was mit uns geschehen ist, ist die Vernichtung, – die Vernichtung deutschen Lebens jetzt und in der Zukunft.

Einige Völker sagen: „Es ist Gerechtigkeit" , andere, es sei die „Vergeltung", und wieder andere schreien „Rache!" Wissen sie denn, dass das, was sie Gerechtigkeit, Vergeltung und Rache nennen, dass es Mord ist, – Mord eines ganzen Volkes?

Wir werden vernichtet. Deutschlands lebendiger Geist und Leib wird getötet. Millionen deutscher Menschen werden in Not und Tod, in Heimatlosigkeit, Sklaverei und Verzweiflung getrieben. Eines der geistvollsten Völker des Erdkreises verlischt.

---

* Rathenau bezog sich damals auf die Repräsentanten der Siegermächte (Entente) Wilson, Clemencau und L. George; man vergleiche 1945 das Dreigestirn Roosevelt, Churchill und Stalin.

Wir werden vernichtet, wissend und sehend, von Wissenden und Sehenden. Nicht wie dumpfe Völker des Altertums, die ahnungslos und stumpf in Verbannung und Sklaverei geführt wurden, nicht von fanatischen Götzendienern, die einen Moloch zu verherrlichen glauben.

Wir werden vernichtet von Brudervölkern europäischen Blutes, die sich zu Gott und Christus bekennen, deren Leben und deren Verfassung auf der Grundlage der Sittlichkeit beruht, die sich auf Menschlichkeit, Ritterlichkeit und Zivilisation berufen.

(W. Rathenau war Schriftsteller und deutscher Außenminister in der Weimarer Republik)

Heimkehr oder Ankunft in der Fremde?

Und er kam in sein Eigentum, und die Seinen nahmen ihn nicht auf! (Joh. 1.11)

Und nun kamen sie – endlich – an, im Westen des Deutschen Reiches, wo sie sich sicher wähnten, sich frei und geborgen fühlen wollten. Jedoch wehte ihnen hier ein eisiger Wind entgegen.

Sie kamen an, zerlumpt, ausgeraubt, hatten vielfach nur noch das nackte Leben gerettet. Aber all die Mühsal und die Strapazen ihrer Flucht und Vertreibung sollten nun ein Ende haben; sie waren jedenfalls den Panzern der „Roten Armee“ und den asiatischen Horden entkommen. Zum Erreichen dieses Zieles hatten sie bis zuletzt gekämpft und sich daran aufrecht gehalten, dieses Verlangen hatte ihnen die letzte Kraft zum Durchhalten gegeben.

Aber sie gelangten jetzt in restlos zerbombte Städte, vernichtet unter den Terrorschlägen angelsächsischer Zerstörungsstrategie. Sie gerieten in eine Hungersnot, die sie mittragen mussten. Wohnraum gab es nicht. Und nicht selten schlug ihnen eine Welle der Abneigung, ja, mitunter des Hasses gegenüber den „Eindringlingen“ entgegen.

Öffentliche Stellen versuchten die anströmenden Menschenmassen zu verteilen. Zunächst wurden die „Ostflüchtlinge“ in Barackenlagern, Turnhallen und Schulen provisorisch untergebracht.

So mussten z.B. 30 Familien in einer Turnhalle leben. Ihr Wohn- und Lebensraum betrug 5 x 5 Quadratmeter, zur Nebenfamilie notdürftig abgetrennt durch an Gestellen aufgehängte Decken. In dieser primitivsten Räumlichkeit spielte sich dann über Wochen das Leben einer Familie ab. Auf Matratzenlagern schliefen sie; Stühle und Tisch, aus rohen Brettern zusammengeschlagen, dienten zum Essen, das von der Gemeinde angeliefert wurde; Heizung gab es oft nicht; zur Versorgung mit Wasser gab es für alle nur eine Zapfstelle; auch die Toiletten mussten gemeinsam benutzt werden. Führwahr, – ein armseliges Dasein!

Mittlerweile wird eine Wohnungsvermittlungsstelle ins Leben gerufen. Die Familien werden in Privatwohnungen untergebracht; die Einheimischen müssen zusammenrücken, um jeweils einer Flüchtlingsfamilie Platz zu schaffen.

So lebt nun auf längere Zeit diese Familie in einem Zimmer, unter fremden Leuten, die durchaus nicht begeistert sind über den unfreiwilligen Zuwachs durch die ungerufenen und unwillkommenen „Gäste“ und sie es auch spüren lassen.

Und es dauert Jahre, bis diese armen Menschen nicht mehr als „Flüchtlinge“ angesehen werden, sondern eine neue Heimat und ihre Stellung in der neuen Gesellschaft gefunden haben.

Fortsetzung aus dem Tagebuch:

So kamen wir aber immer wieder durch und hatten zu essen, wenn wir auch noch äußerst primitiv wohnten.

Martha konnte gut Wolle spinnen. Der Arzt im nächstliegenden Dorf lieh uns ein Spinnrad. So spann Martha für Lebensmittel und ich arbeitete als Hofmädchen.

Da wir nicht heizen konnten, durfte Gerhard sich im Wohnzimmer der Bauersfrau aufhalten, wo er gern unter dem Tisch spielte. Als er da einmal weinte, stieß die Haustochter ihn bewusst mit dem Fuß. Er fiel mit dem Kopf auf den eisernen Fuß des Tisches. Dadurch bekam er eine Platzwunde am Kopf über dem Auge, die anfangs fürchterlich blutete. Er weinte so jämmerlich.

Weit hinaus musste ich zu einem Bauern laufen, der ein Telefon hatte. Es tobte an dem Tag ein furchtbarer Sturm. Ich rief den Arzt an, der dann am Abend mit einer Krankenschwester kam. Bevor der Arzt die Wunde nähte, schickte er mich aus dem Zimmer. Die Schwester hielt dann den Jungen fest, und der Arzt nähte die Wunde. Gerhard schrie jämmerlich dabei.

Später musste der Junge noch einige Male zur Behandlung gefahren werden, wozu die Bäuerin ihr Fuhrwerk hergeben musste. Sie sagte zu uns:

„Nie mehr werde ich eine Frau mit Kind nehmen!"

Bald wurde ich von meiner Arbeit als Hofmädchen erlöst. Ich kaufte mir ein Spinnrad und lernte ebenfalls spinnen. Mit dieser Tätigkeit verdiente ich mir dann auch etwas Geld.

Nun blieb noch die große Sorge um unseren Papa. Ich wusste auch nicht, wohin ich mich wenden konnte, wer mir hätte Auskunft geben können. Ich schrieb an den Suchdienst in Hamburg. Zur Suchstelle vom ‚Roten Kreuz' in Lübeck fuhren wir. Dort ging ich auch zu einer Flüchtlingsfrau, die sich als Kartenlegerin betätigte. Sie sagte:

„Er lebt!"

Das gab mir wieder ein wenig Hoffnung. Er kam aber nicht.

Im Dezember 1947 kam eine Karte von Max, – ein erstes Lebenszeichen. Er hatte auch an den Suchdienst in Hamburg geschrieben. Zur Zeit arbeitete er als Knecht bei einem Bauern mit einem Hof von 250 Morgen Besitz. Er teilte mir seine Ankunft mit und fuhr zu uns. Wir trafen uns jedoch nicht. Die Verkehrsverhältnisse waren zu jener Zeit schwierig; die Bahn war überfüllt und die Termine unplanmäßig.

Tags darauf sehe ich aus dem Fenster; da kommt mein Max! Soldatenrock, lange Stiefel und Rucksack auf dem Rücken. Das war eine große Freude des Wiedersehens!

Der Platz war nun für alle zu eng geworden. Martha schlief auf dem Sofa bei der Bäuerin, und wir schliefen beide im Bett in unserer Kammer. Im Nachbardorf bekamen wir auch bald ein Ofenrohr. Das trug Max heim. Die Bäuerin gab uns einen alten Ofen. Holz bekamen wir zugeteilt. Nun hatten wir es endlich warm und konnten uns das Essen selbst kochen.

In einem anderen, nahe liegenden Dorf konnten wir bei einem Bauern, der ein Wäldchen besaß, Holz schlagen. Wir gingen, mir der Axt auf dem Rücken, zu Fuß dorthin. Der Sohn des Bauern holte dann das Holz mit dem Wagen.

Zu Weihnachten gab uns die Bäuerin eine halbe Ente. Am Heiligen Abend kam der Fischmann. Da gab es Kartoffelsalat und gebratenen Fisch. An der Tür standen die Kinder und sangen Weihnachtslieder.

Trotz aller Armut waren wir so froh, endlich wieder beisammen zu sein. Einige Wochen blieb Max noch bei uns, – und wir waren glücklich.

Wir hofften, nach Bayern zu kommen, doch die Verwaltung lehnte ab; der Ernährer gehöre zur Familie, und die wohne in Holstein! Auf vielen Ämtern musste Max erscheinen, zahllose Briefe mussten geschrieben werden.

Zum Unterhalt bekamen wir jetzt einhundert Mark im Monat. Auch für meine Sparbücher, die ich noch über alle Widrigkeiten gerettet hatte, bekamen wir noch einen geringen Betrag ausgezahlt; die darin enthaltene Summe wurde jedoch stark entwertet. Da wir aber sehr anspruchslos lebten, Martha noch durch ihr Spinnen und ich durch Hilfsdienste im Hof und auf dem Feld zum Lebensunterhalt beitrugen, kamen wir leidlich aus.

Dann aber wollte die Bäuerin Max nicht mehr aufnehmen und gab uns kein Essen mehr. Da hörte ich auf, für sie zu arbeiten.

Nach einer längeren Wohnungssuche kam es dann zur Umsiedlung. Wir bekamen in der Gegend von Ulm eine Wohnung. Max konnte von seiner Arbeitsstelle jedes Wochenende heimkommen. Gerhard ging nun schon zur Schule. Wir waren sehr zufrieden, mussten aber mit einer anderen Familie den Zugang zu unserer Wohnung teilen, was nicht besonders angenehm war.

Im Juni 1952 kam Max heim und verkündete:

„Ich bekomme eine andere, bessere Arbeitsstelle und hole Euch im Herbst!“

Es kam jedoch anders:

Eines Tages holten wir ein Schwein zum Füttern. Unterwegs wurde es Max schlecht. Kurz vor der Ankunft im Haus legte er sich stöhnend in den Wagen. Der Arzt wurde gerufen: er stellte nur noch den Tod fest.

Wir weinten alle drei, – Tante Martha, Gerhard und ich.

Ich hatte die Absicht, nach Norddeutschland zurückzukehren, weil dort mehrere Verwandte untergekommen waren. Gerhard meinte aber:

„Hier bin ich aufgewachsen, und hier möchte ich auch bleiben!"

1969 starb Tante Martha. So blieb ich denn mit meinen zwei Gräbern.

Seit langem hatte ich den Vorsatz, zu bauen. Da ich bald ein besseres Einkommen hatte, konnte ich mir diesen Wunsch erfüllen. Nicht zuletzt gelang es mir durch Sparsamkeit und durch rastlose Arbeit. Hinzu kam eine Aufwertung der in den Sparbüchern ausgewiesenen Ersparnisse sowie eine Lastenausgleichszahlung vom Staat.

Eine große Freude war es dann, in das neue, eigene Haus einzuziehen.

Über das, was ich geschafft und geleistet habe, wundere ich mich heute noch. Vor allem aber erfüllt es mich mit Stolz, auch in der tiefsten Not beharrlich meinen Weg verfolgt und die schlimmsten Widerstände überwunden zu haben.

Epilog: Ein Zwiegespräch – Fritz und Karl

Fritz: „Ich habe Dein Buch gelesen. Alles ganz schön und gut. Aber die Schuld liegt doch bei uns Deutschen, denn wir haben ja den Krieg angefangen!"

Karl: „Nein, das ist nicht richtig. Hier geht es wohl in erster Linie um die polnische Frage. Kannst Du Dir vorstellen, dass es seinerzeit irgendeinen Staat gegeben hat, der tatenlos der Hinmordung seiner Stammesbrüder jenseits seiner Grenzen zugesehen hätte? Ist es nicht mehr als gerechtfertigt, wenn ein Staat verlangt – notfalls auch mit Gewalt – zwanzig Jahre zuvor ihm geraubtes Land wenigstens zu einem kleinen Teil (Danzig) zurückzuerhalten und bestrebt ist, es überhaupt zu erreichen (die sog. Minimalforderung); und das erst recht, wenn durch die Rückendeckung anderer kriegslüsterner Staaten monatelang Verhandlungsangebote strikt abgelehnt werden?"

Fritz: „Das ist ja einzusehen. Aber wir Deutsche haben doch die Sowjetunion überfallen!"

Karl: „Durch die Zusammenziehung von mehreren Millionen sowjetischer Soldaten und einem unermesslich großen, offensiv aufgestellten Waffenarsenal an Deutschlands Ostgrenze wurde eine Gefahr offenkundig, die für Deutschland zu einer Existenzfrage wurde. Dazu kamen unerfüllbare und provozierende Forderungen der sowjetischen Regierung, denen nachzugeben nicht nur das Risiko der eigenen Vernichtung, sondern möglicherweise der gesamten westlichen Welt bedeutet hätte."

Rechtfertigt sich nicht damit ein rechtzeitiges, präventives Losschlagen?

Fritz: „Aber Deutschland ist doch über kleine Staaten, die wirklich neutral waren, hergefallen, z.B. über Norwegen!"

Karl: „Ist auch nicht richtig! Denn zuvor hatten die Engländer, die norwegische Neutralität verletzend, bereits Truppen an mehreren norwegischen Hafenstädten angelandet und waren mit einer gewaltigen Flotte auf dem Weg nach Narvik. Diese Maßnahme hatte zwei Gründe:

- Blockade der deutschen Schiffahrt als Lebensader nach Übersee, wie es ihnen im Weltkrieg zuvor ja gelang und in Deutschland eine Hungersnot auslöste
- Ein Abschneiden von Deutschlands lebenswichtigen Eisenerz-Lieferungen aus Schweden.

Wird nicht dadurch ein rasches Eingreifen deutscher Streitkräfte legalisiert?"

Fritz: „Und Griechenland, sind denn nicht hier auch deutsche Truppen eingefallen?"

Karl: „Auch hier waren es wieder die Engländer, die auf dem Balkan eine zweite Front gegen Deutschland im Begriff waren aufzubauen und Griechenland zum Teil schon besetzt hatten. Eine deutsche Gegenmaßnahme war darum unvermeidlich.

Und dann, – ist Stalin im September 1939 nicht auch in das ihm gegenüber neutrale Polen eingefallen und hätte doch damit gleichfalls den Weltkrieg ausgelöst? Und haben nicht die Engländer und die Amerikaner ebenfalls neutrale Staaten besetzt (überfallen!): Iran; Marokko, Island?

Fritz: „Das ist ja auch verständlich. Aber es steht fest, dass die russischen Soldaten bei der Ausübung ihrer

Greueltaten in Deutschland aus Vergeltung an der brutalen Kriegführung der deutschen Wehrmacht in Russland angetrieben wurden (Prinzip der verbrannten Erde)."

Karl: „Da war Stalin Auslöser und uns gleichzeitig ein guter Lehrmeister. Auf 30 bis 40 km Breite längs der Rückzugsstraßen ließ er 1941/42 restlose Vernichtung zurück, Kriegsgefangene hat er damals erst gar nicht gemacht, die eigene Zivilbevölkerung, z.B. als Partisanen, unbarmherzig gegen den Feind getrieben.

Ist es da eigentlich ein Wunder, wenn die deutsche Armee notgedrungen ähnlich brutal zurückschlägt?"

Karl: „Und schließlich, lieber Fritz, noch eines: Deine Fragen klingen so, als wolltest Du unbedingt deutsche Schuld ans Tageslicht zerren. Ist es nicht beschämend, daß Du als Deutscher derartig argumentierst? Gewiß würde kein Engländer, kein Franzose oder ein Angehöriger eines anderen Volkes so sprechen. Eher würden sie die jüngste Geschichte verfälschen und verdrehen, als ihrem Volk derart Schuld zuschreiben zu wollen.

Darum möchte ich Dich bitten: Sei ein guter Deutscher und achte und ehre Dein Vaterland!"

Quellenverzeichnis

- Ahrens, Wilfried:
  „Verbrechen an Deutschen“
  Dokumente der Vertreibung
  Verlag Ahrens, Arget 1984

- Bacque, James:
  „Der geplante Tod“
  Ullstein-Verlag, Frankfurt/M., 1995

- Brennecke, Gerhard:
  „Die Nürnberger Geschichtsentstellung“
  aus der Reihe: Veröffentlichungen des Instituts für deutsche Nachkriegsgeschichte, Bd. V

- Brockhaus-Verlag, Wiesbaden:
  „Der Große Brockhaus, 1967“

- Bundesministerium für Vertriebene:
  „Dokumente der Vertreibung“

- Churchill, S. Winston:
  „Der Zweite Weltkrieg“
  Alfred-Scherz-Verlag, Bern 1954

- Deutsche Militärgeschichte
  Verlag: Bernard und Gräfe, München 1966

- „Die Geschichte des Großen Vaterländischen Krieges der Sowjetunion“, 1960
  Bd. 4 „Vertreibung des Feindes über die Grenze der Sowjetunion“

- Grenfell, R.:
  Bedingungsloser Hass“

– Hoffmann, Joachim:
„Stalins Vernichtungskrieg 1941 – 1945“
Herbig-Verlag, München 1999

– Hoggan, David L.:
„Der unnötige Krieg“
Verlag Gabert, Tübingen 1974

– Kern, Erich:
„Verbrechen am Deutschen Volk“
Eine Dokumentation alliierter Grausamkeiten
Verlag: K. W. Schütz, Preußisch-Oldendorf

– Klüver, Max:
„Zeitgeschichtliche Betrachtungen“
Verlag: Heinz u. Höffkes, Essen 1994

– Liddell, Hart:
„Geschichte des 2. Weltkrieges“
Verlag Econ, Düsseldorf 1974

– Müller, Gerhard:
„Angeklagt das Deutsche Volk“
Verlag: Fr. v. Bebenburg, Pähl/Obb., 1964

– Nawratil, Heinz:
„Vertreibungsverbrechen an Deutschen“
Universitas-Verlag, München 1982

– Nordbruch, Claus:
„Sind Gedanken noch frei? Zensur in Deutschland“
Universitas-Verlag, München 1998

– Post, Walter:
„Die Ursachen des 2. Weltkrieges“
Grabert-Verlag, Tübingen 2003

– Reinoß, Herbert:
„Ostpreußen – Portrait einer Heimat"
Verlag: Langen-Müller 1980

– Richthofen, Bolko v.:
„Kriegsschuld 1939 – 1941; Nürnberger Prozesse"
Verlag: Arndt, Kiel 1987

– Schön, Heinz:
„SOS Wilhelm Gustloff"
Motorbuch-Verlag, Stuttgart 1998

– Schultze-Rhonhof, Gerd:
„Der Krieg 1939, der viele Väter hatte"
Olzog-Verlag GmbH, München 2003

– Schwinge, Erich:
„Churchill und Roosevelt"
N. G. Elwert-Verlag, Marburg 1983

– Seidler, Franz W.:
„Kriegsgreuel der Roten Armee 1941/42"
Pour le Merite-Verlag, Selent 2000

– Stolz, Rolf:
„Der deutsche Komplex"
Verlag Straube, München u. Erlangen 1990

– Zayas, Alfred M. de:
„Anmerkungen zur Vertreibung der Deutschen aus dem Osten"
Verlag Kohlhammer, Stuttgart 1986